소 유 에 서   접 속 으 로

길을 내는 자가
세상을 지배한다

여
는
글

　제게는 삶이 글이 되고 글이 책이 되었습니다. 어찌하다
한평생 나그네 목회를 하다 보니 나그네로 살아가는 길 위의
남자가 되었지요. 모든 것이 우연이라고 하기엔 시간이 많이
도 흘렀습니다. 나그네가 된 제 삶은 이제 우연이 아니라 필
연적인 사건이며 운명이었다고 말하고 싶습니다. 성 쌓는 인
생이 아니라 길이 되어야 한다고 말해 왔지만 저는 여전히
성안에 머물고 싶습니다. 그만큼 길 위의 삶은 고단하고 힘
들었거든요. 그래도 힘을 내 길 위에서 하루하루를 살다보니
또 하나의 책이 만들어진 것입니다.

　이제 길은 제 인생의 화두가 되었고, 저는 길이 되셨던 우
리 선생님 예수처럼 길 위의 삶을 사랑하게 되었습니다. 분
명히 십자가의 길이며 평범하지 않은 피곤한 선택이지만 이
제는 그 길이 좋아 회피할 수 없을 것 같습니다. 매일 얻어

맞고 살아가는 사람도 그것이 익숙해지면 살만하다고 하더니
만 제가 그 꼴이 되었습니다. 도전하고 개척하는 것은 창조적
인생을 살아가는 것입니다. 새로움과 변화라는 현실이 설렘
의 에너지를 만들어 줍니다. 사람이 사는 것은 모두 그렇게 새
로움에 도전하고 변화의 에너지를 열정으로 품어내는 것으로
부터 진화합니다.

그런 측면에서 길은 여전히 우리에게 의미 있는 주제입니
다. 길이 되어야 합니다. 성안에서 나와야 합니다. 길 위의 삶
은 하늘이 쓰시는 자의 조건입니다. 역사는 길 위의 사람들을
통해 여기까지 왔지요. 그러므로 길에서 살다가 길 위에서 죽
을지언정 길 위의 삶을 포기할 수 없습니다. 길이 진리이고 그
것만이 우리가 살아갈 통로이기에 우리는 길이라는 주제어를
가슴 깊이 간직해야 합니다.

나섬공동체와 재한몽골학교를 만들고 이끌면서 힘은 들지
만 참 행복합니다. 아무도 가보지 않은 길을 간다는 것은 두렵
지만 감사한 것이 많습니다. 한국교회에서 처음으로 역파송
선교사를 보내고 그들과 함께 선교지를 개척하는 일은 어렵지
만 또 하나의 길을 만드는 것이기에 할 수 있었습니다. 그곳에
서 은퇴한 뉴라이프 선교사들과 함께 사역할 수 있음은 은혜

였습니다. 저는 그것을 미션 하이웨이라 부르며 선교적 길을 찾아가는 삶을 얘기했습니다. 길 위에서 역사를 공부하고 그 삶이 얼마나 위대한지를 깨달았습니다.

'길을 지배하는 사람이 역사를 지배하고 세상을 지배한다.'는 사실을 알았습니다.

페르시아의 다리우스와 마케도니아의 알렉산더가 그랬고, 모든 길은 로마로 통한다던 로마제국과 실크로드를 개척한 중국의 한나라 무제, 그리고 그 길을 영원한 유목민의 철학으로 계승한 몽골의 칭기즈칸이 그랬습니다. 프랑스의 석학인 자크 아탈리는 그의 '호모 노마드-유목하는 인간'이라는 책에서 인류의 역사는 오직 노마드 유목민들에 의하여 발전한다는 사실을 가르쳐 주었습니다. 그들 유목민 노마드가 길 위의 사람들입니다. 그들이 길을 개척하고 창조한 사람들이었습니다.

저는 유목민들을 목회하며 살아왔습니다. 제 인생은 유목민과 떨어질 수 없는 깊은 관계가 되었습니다. 그러므로 저역시 길과 길을 만드는 노마드 유목민의 인문학적 인식에 관심을 가질 수밖에 없었습니다. 이 책은 그런 관점에서 제 삶과 공부, 그리고 선교와 목회라는 넓은 의미에서 쓴 고백이며 통찰력의 결과입니다.

　시력을 다 잃어버리고 글을 쓰자니 무척 힘이 들었습니다. 글을 쓰기 위한 글이 아니라 내가 직접 현장을 찾아가고 그 선교지에서 고민하고 공부하며 몸으로 역사를 읽자니 그건 고통이었습니다. 그러나 그 어느 곳에도 나는 아내가 있었으므로 행복하고 또 힘을 낼 수 있었습니다. 아내는 천사입니다. 내게는 천사보다 더 예쁘고 사랑스러운 여자입니다. 그 아내가 있었으므로 이 책이 만들어졌습니다. 그러니 이 책의 모든 것은 아내의 것이기도 합니다. 갈수록 아내가 사랑스럽고 예쁘기만 합니다. 눈으로는 아내를 볼 수 없지만 그래도 이제 진정 사랑이 무엇인지를 배우고 있어 좋습니다. 마지막으로 아버지 장로님이 계셨더라면 하는 생각이 듭니다. 대신 어머니에게 이 책을 선물로 드리고 싶습니다.

2017년 12월 20일

광나루 아차산 중턱 몽골학교에서 유해근

c o n t e n t s

1부

길 을 찾 는 자

2부

길을 여는 자

c o n t e n t s

3부

길 을 예 비 하 는 자

4부

길 을 지 배 하 는 자

소 유 에 서
접 속 으 로

길을
내는 자가
세상을
지배한다

1부
———
길을 찾는 자

01

판가즈와 함께 하는
인도 선교의 비전과 의미-1

나섬은 보물섬

나섬에는 보물들이 많다. 가장 먼저는 몽골학교 아이들이며, 두 번째는 역파송 선교사들이다. 현재 터키에는 호잣트 선교사가 있고, 몽골에는 보르마 목사가, 내년에는 판가즈 목사가 인도로 떠날 것이다. 그 외에도 베트남으로 역파송을 준비 중인 투하 같은 이들이 여럿 있다. 당장 내년에 떠나는 인도의 판가즈 목사는 내가 사랑하고 아끼는 역파송 선교사다.

판가즈는 2000년대 초반에 한국에 와서 이주 노동자로 살다가 복음을 받아들여 기독교인이 되었고 장로회신학대학에서 학부부터 신대원까지 장장 9년 반 동안 신학수업을 하고 올해 목사가 된 사람이다. 뿐만 아니라 그는 한국인 아내를 비롯하여 딸 셋을 두고 있는데 그 가족만 보아도 나는 행복하고 기분이 좋아진다.

판가즈는 언제부턴가 나보다 앞서 나섬의 대표선수가 된 느낌이다. 많은 곳에서 강사로 초청을 받는 것은 물론이고 가는 곳마다 상한가(?)를 치는 보기 드문 설교자이기도 하다. 교회에서뿐만 아니라 이제는 다문화 강사로도 널리 알려져 많은 곳에 불려가고 있다. 그런 판가즈가 인도로 간다. 내년이면 인도로 떠나야 하는 그에게서 나는 인도선교의 미래를 본다.

카스트는 운명

인도는 전세계에서 선교의 역사가 가장 긴 나라이다. 예수님의 제자들 중 한명이었던 도마 선교사가 인도에서 복음을 증거 했다고 하니 인도선교는 예수님의 부활사건이후 가장 먼저 선교가 시작된 나라인 셈이다. 그러나 안타깝게도 2000년이 넘는 긴 선교의 역사에도 불구하고 인도 선교의 열매는 아직 미미하다. 현재 인도의 기독교 인구는 전체 인구 13억 명 중 불과 2.3%에 불과하다. 그런데 그 2.3%의 기독교인들조차도 약 70%는 달리트라고 하는 불가촉천민들이라고 하니 이는 인도 선교의 현실을 보여주는 대목이다. 그런 이유로 인도에서 기독교인은 천민들이 믿는 종교라는 부정적인 인식이 팽배해져 있다.

인도 선교는 대단히 어렵다고들 한다. 인도의 카스트 제도가 너무 공고하고 힌두교의 벽과 그들이 갖고 있는 범신론적 신관 등으로 인하여 인도 선교는 무슬림 선교만큼이나 어려운 것이 사실이다. 전세계 모든 종교가 다 있는 종교의 박물관 같은 인도는 기독교 선교역사에서 보기 드문 땅이다. 앞에서도 언급했듯이 인도의 기독교인 대부분이 불가촉천민이기 때문에 높은 카스트에서는 기독교인을 거의 찾아볼 수 없다.

카스트의 벽이 얼마나 높기에 그럴까 싶지만 실제로 인도에서 카스트는 삶 자체이다. 카스트의 벽은 작은 일상에서부터 거의 모든 영역에 걸쳐 뿌리 깊게 박혀있다. 아무리 카스트를 극복하려 해도 카스트를 극복한 이는 없었다. 인도 헌법의 아버지라는 암베드카르(Ambedkar)같은 이도 인도 카스트의 벽을 허물고자 했으나 오십만 명의 달리트들을 데리고 불교로 귀의한 것이 전부이다.

인도에서 가장 추앙받는다는 그도 카스트의 한계를 뛰어넘지 못한 것이다. 하물며 기독교인들까지도 카스트의 벽에 머물러 있다고 한다. 예를 들어 성찬식에서도 높은 카스트와 낮은 카스트의 포도주잔이 다르다고 한다. 그 정도로 카스트는 인도라는 나라에서는 어느 종교도 무너뜨릴 수 없는 벽이다.

내가 만나는 인도 선교사들 대부분은 카스트가 얼마나 두꺼운 벽인지를 실감한다고 이구동성으로 이야기 한다.

그들이 선교 현장에서 느끼는 현실적 한계는 절망감을 가져다준다고 한다. 나는 약 10년 전 인도 펀잡주의 찬디갈에 있는 판가즈 목사의 부모님이 계신 집에서 한 주간을 머문 적이 있었다. 그때에 나는 기이한 광경을 목격했다. 내가 판가즈의 집에 머물러 있는 동안 간혹 내가 아는 인도인들이 찾아오곤 하였는데 그들은 한결같이 판가즈의 집 안으로는 들어오지 않았다. 판가즈의 집에서 나를 만나려면 내가 머무는 집안으로 들어와야 함에도 그들은 모두 판가즈의 집 출입구에 마련된 작은 응접실에서 나를 기다리곤 하였다.

그들은 그 이상의 선을 넘지 않았다. 그래서 나도 그들을 만나려면 출입구의 작은 응접실로 나가야 했다. 당시에는 왜 그런지 묻지 않았다. 이상하게 느껴졌지만 물을 수 없는 어떤 원칙과 규범이 있음을 알아챘기 때문이다.

나중에 알고 보니 그것은 카스트 때문이었다. 카스트가 그렇게 무서운 것임을 안 것은 실로 놀라운 일이었다. 실제로 판가즈의 어머니는 나를 그리 반겨 주지 않았다. 내가 그 집에 머무는 동안 처음 며칠 동안은 나를 투명인간처럼 취급하기도 했으니 인도에서는 손님대접을 본디 그렇게 하는가 싶었다. 그러나 그것은 힌두교에 심

취해 있는 그 집안의 내력과 관계가 있었다. 나는 기독교 목사이고 그들은 모두 신실한 힌두교도들이었다. 내가 인도 판가즈의 집에 찾아갔을 때 판가즈는 기독교인이 된 상태였고, 거기다가 그를 신학교에 입학시키려고 했으니 나를 반겨 주지 않은 것은 당연한 일인지도 모른다.

거기에다가 판가즈에게 사랑하는 여자가 있었으며 그녀는 한국인이고 그녀도 물론 기독교인으로서 판가즈가 결혼할 경우, 그들은 모두 한국에 머물며 신학을 공부해야 하므로, 그렇게 살도록 허락해 줄 것을 위하여 찾아갔으니 내가 얼마나 미웠을까?

그럼에도 며칠 지나지 않아 친절하게 대해주었으니 그들은 인간적으로 상당히 예의바른 사람들이었다. 죽이고 싶을 정도로 미웠을 나를 그 정도로 대접해 준 것만 보아도 판가즈는 매우 좋은 집안에서 출생한 사람임이 틀림없다. 그렇다! 판가즈는 카스트 중 가장 높다는 브라만 출신이다. 나는 카스트의 힘을 모른다. 그러나 조금씩 인도 공부를 하면서 인도에서 카스트란 얼마나 큰 힘을 갖고 있는지를 깨닫게 되었다.

판가즈가 브라만이라는 사실을 알면서도 그 의미를 실감하지 못하고 지냈으니 나는 참으로 무지한 사람이다. 하긴 내가 인도 사람이 아닌데 어떻게 인도의 카스트를 실감할 수 있겠는가? 그러나 인도 선교를 시작할 시간이 다가오면서 나는 카스트를 알아야했다.

아니 자연스럽게 카스트라는 것이 얼마나 거대한 산인지를 알게 되었다. 카스트는 운명이다. 인도 사람에게 카스트는 건널 수 없는 강이며 초월할 수 없는 산이다. 그들은 카스트를 운명처럼 여기며 살아간다. 인도의 성자 마하트마 간디(Gandhi)마저도 카스트를 인정했지 않은가?

역사적으로 복음은 인간 사이의 장벽을 허무는 힘을 가지고 있다. 그것이 복음의 능력이며 핵심가치이다. 바울과 예수님은 한결같이 유대인과 이방인의 장벽을 허물었으며 그 장벽을 허물고 하나가 되는 것이 우리가 믿는 기독교의 진리이다. 그러나 인도에서만은 불가능했다. 2000년 동안 선교를 했지만 카스트가 여전히 남아있으니 말이다. 지금도 카스트 안에서 헤매는 기독교 선교를 보면 안타깝고 기이한 느낌마저 든다. 어떻게 해야 인도에서 복음의 능력이 제대로 힘을 발휘할까? 누가 그 카스트의 벽을 허물 수 있을까?

판가즈는 왜 한국에 왔을까?

인생은 신비하다. 하나님은 놀랍고 오묘하시다. 인간사 새옹지마(塞翁之馬)라고 했지만 사실 그 비밀을 알고 사는 사람은 그리 많지 않다. 나도 내 인생을 모르겠는데 어찌 내가 판가즈의 인생을 알 수 있을까? 그러나 여기 하나만은 고백할 수 있다. 그는 하나님이 보내신 사람이라는 사실이다. 적어도 그것만은 알고 있다. 그렇지 않고서야 그를 설명할 수 없으니 말이다. 오직 하나님의 섭리라는 말로만 그를 설명하고 이해할 수 있다.

나는 오랫동안 판가즈 목사를 지켜본 사람이다. 그를 처음 만나고 공부를 시키면서 그리고 목사가 되기까지 지근거리에서 그를 바라본 사람이다. 한마디로 그는 보물이다. 숨겨진 보물이다. 그리고 그는 분명히 하나님이 지명하여 부르신 사람이다. 내가 그를 처음 만났을 때에 나는 그가 브라만이라는 사실을 알지 못했다. 아니 관심조차 가지고 있지 않았다. 인도에 대하여 무지했기 때문이다. 대체 카스트가 무엇인지 그것이 무슨 의미가 있는지 알 이유가 없었으니까 말이다.

그러다 조금씩 인도에 관심을 가지고 공부를 하면서 인도에서 가장 중요한 것은 카스트라는 사실을 알았다. 카스트로부터 벗어날 수 없는 인도이기에 브라만이 갖는 의미는 대단히 중요하다. 판가즈는 브라만으로서 선교를 할 것이다. 그가 브라만이기에 그의 선교 사역도 특별할 것이다.

그러나 그는 브라만이라는 기득권에 연연할 사람이 아니다. 그는 브라만으로서의 계급의식에서 스스로 벗어나겠다고 한다. 그리고 많은 달리트들 즉 불가촉천민들을 비롯한 낮은 카스트의 아이들을 공부시키고 입양하는 사역을 하겠노라 한다. 하나님이 주신 마음을 가지고 선교하겠다는 것이다. 카스트를 극복할 수 있는 유일한 전략은 가장 높은 카스트인 브라만을 선교하는 것이다.

그들을 선교하여 복음 앞으로 인도하고 그들 스스로 브라만으로서의 기득권과 특권의식을 벗어버리게 하는 운동이 그들 내부에서 일어나야 한다. 그것만이 카스트를 깨는 전략이다. 브라만들이 스스로 자신들의 자리를 내어놓고 모든 사람은 하나님 앞에서 동등하다는 복음의 의미를 선포하는 것이다.

그것은 오직 가장 높은 카스트인 브라만의 회개와 화해 그리고 섬김의 자리로 내려가는 용기가 있어야만 가능하다. 판가즈는 그러한 용기와 섬김으로 사역할 수 있는 사역자이다. 나는 그것을 확신하고 그것을 위하여 하나님이 판가즈를 부르신 것이라 믿는다.

인도선교 2000년의 역사 가운데 가장 위대한 선교사로 하나님이 그를 사용하실 것이다. 그래서 인도인들이 카스트의 족쇄에서 해방될 수 있는 놀라운 일들이 일어날 것이다. 누구도 카스트를 부수지 못했다. 간디도 암베드카르도 윌리암캐리도, 아니 도마까지도 카스트의 늪에서 자유하지 못했다. 그것이 인도 선교사역의 한계였다. 그러나 나는 판가즈는 그 장벽을 허물고 복음 안에서 진정한 자유함을 선포할 것이라 확신하고 싶다.

판가즈가 한국에 이주 노동자로 살게 된 것은 우연이 아니다. 그리고 그가 우리 나섬을 찾아온 것도 우연이 아니다. 나섬에서 이혜정 전도사를 만나 사랑하고 결혼하게 된 것, 장신대에 입학하여 10여년을 신학공부에 전념한 것, 목사가 되어 인도의 역파송 선교사로 부르심 받은 모든 사건들은 목적이 있었다. 우연이 아니라 필연이었다.

하나님의 섭리 가운데 움직이고 있는 인생이다. 거부할 수 없는 부르심의 계획이 그에게 있다. 그는 한국에서, 나섬에서, 복음 앞에서, 기독교인으로서 목사가 되고, 역파송 선교사가 되어 인도를 혁명적으로 변화시킬 위대한 인물로 부르심을 받은 사람이다.

판가즈는 모세다

모세는 애굽의 궁전에서 왕족의 양자로 권력을 누리던 사람이다. 그는 그의 출생의 비밀을 알지 못하고 자랐다. 그러나 우연이었을까? 그의 삶은 결코 하나님의 섭리를 피해갈 수 없었다. 애굽의 관원을 때려죽이는 범죄자가 되어 어쩔 수 없이 애굽을 피해 미디안 광야의 족장 이드로의 사위가 되었다. 십보라라는 여인과의 사이에서 게르솜이라는 아들까지 얻은 나그네로 살아야 했다.

그는 목동이 되었다. 별 볼일 없는 인생으로 전락한 것이다. 하루 종일 광야에서 양을 치는 목동이 되었다. 그것이 전부인 것처럼 여겨지던 어느 날 야훼라는 하나님이 그를 찾아오셨다. 그리고는 뜬금없이 그를 부르신다. 애굽의 노예로 살아가는 그의 백성들을 구원하라시는 것이다. 해방자로 부르시는 그 장면은 감동적이다. 인생에서 일어날 수 있는 일이란 어디까지일까?

나이 80세에 부르심 받을 것을 상상하는 사람은 없다. 인간이 하나님의 부르심을 받을 수 있는 최소한의 조건은 무엇일까? 나이, 건강, 재력 혹은 권력까지 어떤 조건을 가져야 하는 것일까? 부르심의 조건이 무엇인가? 그러나 하나님의 부르심에는 어떤 인간적인 상상력도 의미가 없다. 그것은 오직 그분만의 섭리와 계획에 의해서만 결정되는 것이다. 내가 가진 인간적인 조건에 의해서가 아니라 결정권은 오직 그분 한 분만의 것이다.

모세를 부르시는 장면에서 나는 잠시 멈추고 싶다. 왜 모세였을까? 왜 하나님은 모세라는 늙은 80살의 버려진 돌을 위대한 해방자로 사용할 결정을 하신 것일까? 그렇다! 모세는 이미 버려진 돌이었다. 하나님은 버려진 돌을 모퉁이 머릿돌로 사용하신다고 했다.

모세는 애굽에서 도망쳐 나온 후 40년을 광야에서 훈련받았다.

광야는 훈련장이었다. 그는 나그네로 목동으로 이방인으로 살아가는 훈련을 받았다. 그것이 조건이다. 훈련받은 사람만이 하나님이 쓰신다는 사실이다. 광야에서 살아 훈련받은 사람이 하나님 나라의 종이 되는 조건이다.

그런 측면에서 판가즈는 모세다. 모세의 삶과 너무도 흡사하게 그는 살았던 것이다. 한국이라는 광야에서 이주 노동자라는 목동보다 더 고된 삶을 살아보았다. 그렇게 살지 않아도 될 사람이었으나 그는 모세처럼 집을 나와야 했고, 나그네가 되었으며, 노동자로 살면서 고된 훈련을 받았다. 십보라 같은 이혜정과 결혼을 했고 게르솜과 같은 딸 셋을 두었다. 그리고 그는 해방자 모세처럼 카스트에 종노릇하는 인도인들의 해방자로 부르심을 받은 것이다.

판가즈는 기도의 능력이 있는 종이다

모세는 애굽의 바로와 맞서 기적을 일으키며 히브리 백성을 탈출시켰다. 그는 홍해의 절망 앞에서 기도함으로 홍해가 갈라지는 체험을 했으며 구름기둥과 불기둥으로 인도함을 받았다. 만나와 메추라기를 먹었으며 마라와 므리바의 샘물을 광야에서 마셨다. 이는 모두 절망의 한계 앞에서 기도로 얻어진 기적이었다.

그는 기도의 사람으로 살았다. 하나님과 깊이 소통하며 언제나 기도로 절망의 순간을 헤쳐나간 것이다. 나는 모세처럼 판가즈의 삶에도 그런 기적이 일어남을 믿는다. 그는 기도로 살려고 무던히도 애를 쓰고 있다. 내게 무디처럼 기도로 기적을 체험하고 싶다고 고백하는 모습이 참 귀하다. 어디서 저런 믿음이 생긴 것일까?

판가즈가 인도선교의 미래다

2000년 동안 인도 선교가 답보상태였다면 이제 인도의 미래 선교는 판가즈에게 맡겨보자. 일당백이 아니라 일당 천, 아니 일당 만이라고 믿으며 나는 그를 인도로 보낸다. 판가즈는 내게 영적 아들이며 그의 가족은 내 삶의 흔적이며 나섬의 열매이다. 내 인생을 걸어도 조금도 아깝게 생각되지 않는, 마치 내 아들 같은 마음으로 그를 보낸다. 그에게 인도 선교의 미래가 있으므로 나는 그를 모세를 파송하시는 하나님의 마음으로 보내고 싶다. 그에게 인도와 그 백성들의 영혼이 달려 있다. 인도의 미래가 아니 전세계의 미래 선교가 달려 있다.

02

판가즈와 함께 하는
인도 선교의 비전과 의미-2

인도에서 한국인 목회를?

얼마 전 인도에 다녀온 판가즈 목사가 인도에서 한국 목회도 해 볼 수 있을 것 같다고 말했다. 새로운 생각이다. 정말 뜻밖의 발상이다. 혹시, 그게 가능하다면 도전해 볼 수 있다. 나는 판가즈를 몇 번 나섬의 강단에 세워 보았다. 그때마다 느끼는 것은 판가즈에게 천부적인 은사가 있다는 것이다. 한국인보다 한국말을 더 잘하는 인도 사람이 판가즈이다. 말을 잘한다는 것은 말에 대한 감각이 있다는 말이다.

한국 사람의 정서와 분위기를 적절히 맞출 줄 아는 탁월한 재능이 그에게 있다. 말을 잘한다는 것은 정말 은사이다. 요즘 한국교회에서 판가즈를 많이도 초청한다. 한번 초청한 교회는 다시 그를 부른다. 다양한 공동체와 예배와 강단에서 판가즈는 인기 만점의 강사이다.

한번은 대구 공무원 연수원에서 나를 다문화 강사로 초청한 일이 있었는데 그때에 내게 불가피한 사정이 있어 판가즈를 대신 보냈다. 그 후로 판가즈는 계속해서 대구를 내려갔다. 서너 번인가 대구에 내려가 공무원들에게 강의를 하고 돌아온 판가즈가, 어느 날은 대구에 내려갔더니 대구 시장님이 강의를 듣더라는 이야기를 내게 했다. 강의를 마치고 대구 시장님을 만나게 되었는데 대구시장 왈, 대구에 내려와 살 계획은 없느냐고 말하더라는 것이다. 대구시민이 되면 좋겠다는 제안이다.

판가즈가 가는 곳이면 그곳에서는 난리가 난다. 그 반응이 너무도 뜨거워 상상할 수 없을 정도다. 어디서 저런 특별한 감각이 생긴 것일까? 그에게는 다른 사람이 갖고 있지 않은 아주 특별한 은사가 있음이 분명하다. 나는 그것을 확신하고 있으니 그가 인도에서 한국인 목회를 할 수 있다는 말은 그냥 지나칠 이야기가 아닌 듯하다.

판가즈는 인도사람이다

한국인 선교사들에게 인도 선교의 가장 큰 어려움은 비자 문제이다. 선교지 어느 곳이든 모두 비자 문제가 있지만 유독 인도에서 비자를 얻기란 대단히 어렵다. 일단 인도에 입국하려면 비자를 받아야 한다. 우리나라 사람이 인도 여행을 하려면 인도 대사관에서 비자를 얻어야 하는데 그 비자를 얻는 것이 쉽지 않다. 먼저 비용이 만만치 않은 것이 정말 황당하다. 여행비자임에도 10만원이 넘는 비용이 들기 때문이다.

몽골이나 중국도 비자가 필요하다. 그러나 비자를 받는데 필요한 비용이 10만원이 넘는다면 누가 그 나라에 가려 하겠는가? 들어오려면 돈을 많이 갖고 오든지 없으면 아예 오지 말라는 것이다. 나는 인도에 가는 것이 이렇게 힘들다는 사실에 어떤 경이로움을 느꼈다.

저 당당함은 어디서 온 것일까? 가는 곳마다 거지들이 우글대는 가난한 나라가 어떻게 저렇게 당당하게 자존감을 세우는지 무척이나 궁금하다. 비자 비용이 10만원이 넘는 나라는 세계 어디에서도 찾아볼 수 없다. 오직 인도에 가려면 돈을 많이 들여야 하는 것이다. 처음부터 정이 떨어진다. 가고 싶지 않다.

그렇지만 간다. 인도에 무슨 특별한 것이 있는지 몰라도 우리는 인도 대사관에서 비자를 받기 위하여 복잡하고 황당한 경험을 한다.

비자를 위하여 갖추어야 하는 서류도 황당하다. 칼라 반신사진은 물론이고 여행자 부모의 원 고향까지 기록해야 한다. 돌아가신 부모님의 이름과 그분의 태어난 곳까지 말이다. 무슨 비자에 이런 정보가 필요하단 말인가? 한번 가는 여행도 그렇게 돈이 들고 말 같지도 않은 정보를 기록하면서 우리는 그렇게 인도로 간다.

잠시 다녀오는 여행을 위해서도 이럴진대
인도에 살면서 선교해야 하는 선교사들은 어떨까?

얼마 전 방갈로에서 선교하던 후배 선교사가 나를 찾아왔다. 그는 13년 동안 인도에서 선교하며 무척이나 고생을 했다고 한다. 정말 헌신하며 목숨까지도 던질 수 있다는 마음으로 인도인들 특별히 달리트라는 불가촉천민들을 위하여 선교를 했다. 그러나 이제는 더 이상 인도에 들어가지 못한다고 한다. 인도 비자를 내려고 시도 했지만 세 번이나 거절을 당했다는 것이다. 인도 선교사로 낙인이 찍혀 더 이상은 인도에 들어갈 수 없다고 낙담을 했다.

얼마나 인도에 들어가고 싶었는지 그는 최근 네팔을 경유해 인도로 불법 입국을 했다. 3개월을 인도에서 버티다가 다시 네팔로 돌아오던 중 그만 인도 쪽에서 붙잡혀 감옥에 갈 뻔 했지만 벌금을 많이 내고 쫓기듯 나올 수 있었다고 한다. 이제는 더 이상 인도에 갈 수 없음에 그는 안타까워했다.

그 후배 선교사는 물론이고 지금 인도에서 선교하는 한국 선교사들이 쫓겨나다시피 하면서 인도 선교사의 꿈을 접고 있다. 선교사라는 사실이 들통이 나는 순간 그들은 인도에 들어가지 못한다. 혹시 몰래 선교사로 살기 위하여 들어갔더라도 3개월마다 비자를 갱신해야 하는 것은 물론이고, 인도에서 비즈니스 선교를 한다 하더라도 매년 2억 원 이상의 매출을 올리는 사업을 하고 엄청난 세금을 내야 비로소 체류 비자를 준다고 하니 어떻게 인도 선교를 하겠는가 말이다.

지금 인도 선교사들에게 가장 힘들고 고통스러운 것은 언어도 문화적 갈등도 아닌 오직 비자 문제이다. 합법적인 비자를 얻고 그곳에서 선교를 할 수 있는 길이 거의 없을지도 모른다.

그런데 판가즈는 인도 사람이다. 그는 한국인 아내 이혜정을 만났으므로 한국으로 귀화할 수 있었음에도 인도인으로 남았다. 한국 국적을 취득하려고 하는 사람이 많은데 그는 인도 국적을 포기하지 않은 것이다. 그 이유는 선교하러 다시 인도로 가기 위해서다. 만약 그가 한국 국적을 취득하였다면 그도 인도에 가기 위해 그 복잡하고 기분 나쁜 인도 비자를 만들어야 한다.

뿐만 아니라 그는 인도에서 다시 3개월마다 비자를 갱신하기 위하여 다른 나라로 출국해야 하고 그런 일들을 반복해야 하므로 매우 소모적인 시간과 돈을 내야 한다. 그러나 감사하게도 그는 인도인으로 남았다. 한국인으로 살 수 있었음에도 그는 인도를 사랑하고 인도 선교사로 살기 위하여 인도인으로 남아 주었다.

그는 비자 문제 같은 힘들고 복잡한 문제를 겪을 필요가 없다. 그러니 그는 자유로운 인도 선교사가 될 수 있는 것이다. 그가 인도에서 한국인 목회도 할 수 있었으면 좋겠다. 잘할 수 있을 것이다.

판가즈는 야곱이다

나는 판가즈가 천재라고 생각한다. 판가즈가 내 눈에 확 들어온 날이 있었다. 우리 공동체는 많은 외국인들이 있기 때문에 내가 모두를 잘 알 수는 없다. 판가즈 역시 내게 특별한 사람은 아니었다. 그러던 판가즈가 내게 나타났다. 그것도 아주 교묘하게 접근해 왔다. 아니다. 그는 계획적으로 전략적으로 나를 포섭하기 위하여 접근해 온 것이다. 그는 나를 알고 있었다. 나를 붙잡는 것이 자신의 인생을 위하여 자신의 목적을 이룰 수 있는 지름길이라는 사실을 알고 있었다.

그는 이혜정을 사랑하고 있었다. 우리 공동체의 자원봉사자로 사역하던 아리따운 자매를 찍은 것이다. 그런데 그녀가 꿈쩍도 하지 않는다. 열 번 찍어 안 넘어 가는 나무 없다고 하지만 이혜정은 넘어가지 않은 것이다. 물론 여러 가지 이유가 있겠지만 나는 자매들이 외국인과 외부에서 만나는 것에 대하여 아주 좋지 않게 생각하였음으로 처음 봉사자로 오는 자매들에게는 외국인들과 개인적으로 만나지 말아야 한다고 말했기 때문이기도 했으리라. 그러니 이혜정을 넘어뜨리기 위해서는 나를 무너뜨려야 한다고 판단했을까?

어느 가을날 나는 우리 공동체의 스텝들을 데리고 강원도 오대산에 간 적이 있었다. 오대산 길을 산책하는데 판가즈가 내 옆으로 접근을 한다. 그는 우리가 오대산에 가는 것을 어떻게 알고 우리 버스에 동승했는지 알다가도 모를 일이다.

나는 이내 슬며시 다가오며 나를 꾀려는 의도를 알아 차렸다. 인도의 자기 집에 대하여 말을 한다. 아버지를 비롯하여 자기 집안이 얼마나 좋은 지부터 자랑을 한다. 그러고는 나에게 자기하고 인도를 가잔다. 그러면 먹고 자는 것부터 모든 것을 해결해 주겠다나? 얼마나 한국말을 잘하는지 나는 지금도 그날을 생생하게 기억한다. 진짜 명물을 만났구나 싶었다. 그것이 판가즈가 내 눈에 띈 날이다.

그리고 나는 그의 의도대로 인도를 다녀오고 그의 마력에 빠져 버렸다. 물론 그는 이혜정을 자기의 아내로 만들었으며 이렇게 나는 판가즈를 자랑하는 사람이 되었다.

그는 내 마음을 읽고 나를 어떻게 하면 자기의 사람으로 만들 수 있는지를 알았다. 그는 자신의 목적을 위하여 어떻게 말하고 행동해야 하는지를 안다. 그러니 그는 천재다. 나는 판가즈가 야곱이라 생각했다. 그는 야곱처럼 꿈이 있고 비전이 있는 사람이다. 성공하고 싶고 쓰임 받고 싶은 존재다. 처음부터 그런 것은 아니었을 게다.

그러나 그는 창세기 28장의 야곱처럼 광야의 나그네로 살면서 서서히 하나님의 사람으로 변해갔던 것이다. 라헬을 만나 사랑에 빠져버린 야곱처럼 그리고 그녀를 얻기 위하여 긴 시간을 종으로 살면서도 그 목적을 이루기 위하여 인내하고 마지막까지 그 목적을 달성했던 야곱처럼 판가즈도 이혜정을 얻기 위하여 나를 비롯하여 주변의 사람들을 자기의 계획대로 이끌어 간 것이다. 그에게는 꿈이 있다. 목적을 이루기 위하여 끝까지 포기하지 않는 힘이 있다. 야곱처럼 한 일가를 이루고 인도로 가는 그는 분명 야곱이다.

나는 판가즈 때문에 행복하다

나는 참으로 많은 고생을 하면서 사역을 했다. 구로공단에서 여기까지 오면서 말로 다할 수 없는 눈물을 흘렸고 아픔을 겪었다. 눈이 보이지 않는 장애인이 된 것도 그런 이유 때문이다. 그러나 정말 고백하건대 나는 행복한 목사다. 그 이유는 판가즈같은 사역자들이 있기 때문이다.

　판가즈는 내 존재의 의미다. 내 사역의 목적이며 소중한 열매다. 나에게 판가즈가 있다는 사실만으로 이미 나는 성공한 사람이다.

　이제 판가즈를 인도로 보내려 한다. 한발씩 인도로 가려는 그를 바라보자니 괜히 눈물이 난다. 그는 내게 마치 잘 키워 시집보내는 딸 같은 존재다. 판가즈 때문에 기쁘고 행복했기 때문에 그를 보내자면 무척이나 섭섭할 게다. 그러나 그는 가야 한다. 그의 살 곳은 여기가 아니라 인도이니 말이다. 그래서 나도 인도로 가려 한다. 그를 따라 인도로 떠나려 한다. 그와 함께 하나님 나라를 만들고 선포하며 그렇게 행복한 인생을 누리고자 한다.

버리지 못하면
멀리가지 못 한다

몽골학교와 몽골 사역을 오래하면서 나는 자연스럽게 유목민을 만나고 그들을 연구하게 되었다. 아마 목사로서 몽골이라는 나라와 이렇게 가깝게 살아가는 사람도 그리 많지는 않을 것이다. 내가 몽골에 선교사로 가 있는 것이 아님에도 나는 몽골과 유목민을 깊이 만나면서 유목민을 조금씩 알게 되었다. 특별히 이주민 노동자를 비롯한 유목민을 만나면서 나도 유목민으로 살아가야겠다는 통찰을 갖게 되었다.

그것은 큰 깨달음이었다. 유목민은 가벼워야 진짜 유목민이 된다. 그들의 마음과 몸이 가벼워야 한다. 그렇다고 존재가 가벼운 것은 아니다. 오히려 삶의 무게를 내려놓음으로 인생이 더욱 의미 있고 무게감을 주기도 한다. 삶이란 무엇인가에 대한 무언의 고뇌를 삶으로 살아가는 철학자들처럼 느껴지는 사람들이 유목민이다.

성서는 우리 믿는 자들을 나그네라 부른다. 히브리서 11장은 나그네 의식으로 믿음의 삶을 살아야 함을 가르쳐 주는 말씀이다. 우리는 본디 나그네요 외국인이라는 것이다. 나그네가 곧 유목민이다. 유목민 나그네는 몸과 삶이 가볍다. 삶이 가볍기 위하여 가급적 버리고 살아야 함은 당연하다. 버리고 떠날 줄 아는 결단과 미덕이 바로 유목민 나그네의 삶인 것이다.

땅도 재산도 한낱 물거품이요, 바람에 나는 겨와 같은 것임에도 버릴 수 없다고 부둥켜 끌어안고 살아가고자 함은 이미 유목민 나그네가 아님을 말해주는 것이리라.

그러나 부끄럽고 안타깝게도 우리는 버리지 못한다. 아니 버리는 것이 아니라 오히려 더 많이 갖고 싶어 안달이다. 그만큼 소유했으면 자족할 수 있으련만 버리기는커녕 소유하고 세습한다. 지금 한국교회에 세습의 굴레와 망령이 온통 난리다. 이건 하나의 광기다. 미친개처럼 교회도 그렇게 미쳐 난리를 친다. 가만히 바라본다. 저 광기의 광풍이 언제 어떻게 마무리 될지를 말이다.

그러나 끝은 이미 보인다. 끝은 없다. 왜냐하면 끝은 모두 패배이기 때문이다. 그 세습의 끝은 멸망이기 때문이다. 그것이 역사였다. 역사를 조금만 이해하고 안다면 그렇게 막무가내로 세습을 할 수는 없다. 그것은 무지와 믿음 없음을 나타내는 전형적인 우상숭배

일 뿐이다. 건물과 자산과 목사가 우상이 된 역사는 수없이 많았다.

잠시 있다가 사라질 안개 같은 그 천박하고 얄팍한 술책들이 어떻게 끝이 났는지는 역사에 수없이 많이 기록되어 있다. 나는 그저 바라본다. 유목민처럼 살아가라하신 하늘의 뜻이 얼마나 위대한 진리인지를 생각한다. 버려야 오래 살 수 있고 그래야 멀리 갈 수 있다. 가벼워야 갈 곳을 간다. 무거우면 가야할 곳에 도달하지 못한다. 바보들은 그것을 모르고 당장의 소유에 매달린다. 당장은 세습한 자들이 이긴 것처럼 보일지 모른다.

그러나 그리 오래가지 못한다. 끝에는 심판만이 있을 뿐 그리 오래가지 못한다. 무거우니 움직일 수도 없다. 깊은 수렁에 빠진 것이다. 바보들이다. 염치없는 삯꾼이다. 그렇게 누렸으면 버려야 한다. 아니 목사이고 교회라면 그렇게 하지 말아야 한다. 그것이 오늘 우리의 모습이니 개혁의 주일에 멋진 퍼포먼스를 하고 있다. 역사에 기록되는 그 부끄러움을 모르고 말이다.

소유에서 접속으로

와튼 경영대학원의 교수이며 미래학자이고 경영학의 대가인 제라미 리프킨은 그의 저서 '소유의 종말'이라는 책에서 우리가 사는 미래는 소유의 시대가 아닌 접속의 시대라 했다. 오래전 읽었던 이 책이 생각나 다시 꺼내 반추해 본다. 소유에서 접속으로 혹은 공유와 네트워크의 시대로 패러다임이 급속하게 변하고 있다는 것이 그의 주장이다. 소유하던 삶에서 접속과 네트워크의 형태로 변화하는 것이 미래 사회에서 살아가는 길이라는 주장에 다시 한 번 공감하며 우리 교회의 목회 패러다임을 생각해 본다.

한국교회는 지금까지 소유의 목회 혹은 성을 쌓는 목회에 전념해 온 것이 사실이다. 자기 교회 안에 머물러 있어야 교인이며 그런 교인들을 무차별 모아 큰 교회를 이루려는 것에 매몰되어 왔다. 그럼으로 경쟁의 목회와 성공목회라는 프레임에서 자유할 수 없었다. 그러나 미래 교회는 달라져야 한다. 소유의 목회가 아닌 공유와 접속의 목회로 바뀌어야 한다.

교인들을 자신의 교회 안에 가두어 두는 목회가 아니라 교인들을 자유롭게 하여 그들이 어느 한 교회의 소유물이 아닌 하나님 나라의 구성원으로 일할 수 있도록 새롭게 인식하여야 한다.

과연 교회의 일꾼이 하나님 나라의 일꾼인가에 대한 근본적 물음을 해야 한다는 것이다. 교회의 일꾼과 하나님 나라의 일꾼은 다르다. 교회의 일꾼은 교회의 일꾼일 뿐이다. 교회에서 봉사하는 것이 마치 하나님 나라의 선교이며 봉사라는 주장은 자기중심적 논리에서만 가능하다. 소유의 목회에서는 그런 논리가 통할지 모르겠지만 접속의 목회에서는 아니다. 우리는 지금 소유에서 접속으로 아니 공유와 네트워크의 목회적 패러다임으로 변화하여야 한다. 그래야 미래 교회가 살아남을 수 있다는 현실을 인식하여야 한다.

세상이 바뀌면 교회와 목회도 바뀌어야 한다. 소유하는 목회는 더이상 멈추어야 한다. 교인들이 한 목회자의 양이 아니라 하나님 나라의 성도이며 예수 그리스도의 양인 것을 인정하여야 한다. 그것만이 우리 목회자 또한 자유하는 길이며 우리 목회자가 자유하여야 교인들도 자유할 수 있는 것이다.

큰 교회를 만드는 것이 성공한 목회자라는 등식을 극복하지 못하면 우리는 영원히 숫자놀음의 노예로 전락할 수밖에 없다. 이웃 교회의 교인이 내 교회 안에 들어오면 내 것인 것처럼 착각하는 목회윤리로는 결코 자유로운 목회자로 살아갈 수 없다.

소유의 목회에서 접속의 목회로 패러다임을 바꾸어야 행복하고 자유로울 수 있다. 내 것이 아니라 하나님의 것이고 나의 양이 아니라 예수 그리스도의 양이다. 접속과 공유, 그리고 네트워크의 목회는 지금까지의 소유 목회와는 다르다.

연대와 연합의 공유 목회가 필요하다. 그것이 우리 교회를 건강하게 하고 성숙하게 하는 길이다. 교인들을 한 교회 안에 끌어 들이려는 소유의 목회 틀을 버리고 모든 교회와 하나님 앞에서 열린 공동체로 나아갈 수 있는 길을 모색하여야 자유로운 목회자로 살아갈 수 있다.

나는 약 6년 전부터 뉴라이프 선교회라는 시니어 선교회를 만들어 운영하면서 다양한 교회의 교인들과 교류하고 있다. 나아가 최근에는 '길 위의 선교사'라는 새로운 선교 공동체를 꿈꾸면서 교단과 교파를 초월하여 많은 교인들과 교류하고 그들과 함께 선교여행도 하고 있다.

뿐만 아니라 탈북 목회자들과 연합하여 새로운 통일 선교의 길을 만들어 가고, 탈북 청년들을 위한 창업학교인 담쟁이 학교를 운영하면서, 아울러 장애인들과 나그네들을 품는 나섬의 목회를 하는 가운데 소유가 아닌 접속의 목회가 얼마나 행복하며 자유로운 목회인지를 새롭게 깨닫기 시작했다.

교인들을 자신의 울타리 안에 가두어 두는 가두리 목회가 아닌 먼 바다까지 유영할 수 있도록 튼튼하고 건강한 교인들을 목회하는 목회자로 살아가야 한다. 그렇게 함으로써 소유가 아닌 자유와 공유, 접속의 네트워크로도 충분히 행복한 목회자로 살아갈 수 있는 목회 패러다임의 변화를 이루어야 한다. 그런 목회가 종교개혁 500주년의 한국교회가 갈 길이다.

종교개혁 500주년 기념
나섬의 신앙고백

    종교개혁은 기독교의 본질을 잃어버리고 성서의 가르침에서 벗어나, 하나님의 구원사를 크게 훼손했던 로마교회의 타락에 맞선, 깨어있는 기독교인들의 저항이다. 교리화 되고 자본주의화 된 성전 중심의 신앙은, 교회를 현실 속에서의 종교로만 착각하게 함으로써 하나님 나라의 신앙과 가르침을 왜곡시켜왔다.

    이제라도 우리는 성전은 우리 몸이며, 하나님 나라에 대한 고백이 있는 모든 공간과 피조물임을 자각하여, 눈에 보이는 자본주의화 된 성전을 거부하고 신앙의 토대 위에서만 교회의 미래가 존속할 수 있음을 고백해야 한다. 교회는 세상 속에서 하나님의 구원사를 완성케 하는 통로로서 세상을 견제하고, 약한 자들의 편에서 하나님의 뜻을 좇아가도록 돕고 지원하는, 예수 그리스도의 제자 공동체이다.

불행하게도 우리 한국교회는 반역사적이며 반성서적이고 반기독교적인 삶을 살아왔다. 이제 우리는 그동안의 잘못된 삶을 회개하고 다시 한 번 주어진 삶의 자리에서 고백적 교회로서의 본을 보여야 한다.

지금까지 작은 자들과 소외된 나그네와 장애인 같은 약자들 편에서 하나님 나라를 구현하지 못했고 기득권을 가진 자본가와 권력자의 편에서 그들을 동조하고 비호함으로써 하나님의 역사의 방향을 온전케 하지 못했음을 인정하고 회개하여야 한다. 교회가 있어야 할 낮은 자리를 외면하고 높은 곳을 향하여 올라가려는 욕망의 목회와 현재 교회의 모습은 결코 예수 그리스도께서 원하시는 모습이 아님을 인식하고 다시 한 번 회개하여야 한다.

나아가 길이 되신 주님을 따라 길 위의 교회가 되어야 함에도 성을 쌓고 성을 세습하려는 탐욕의 극치를 달리는 오늘날 한국교회를 바라보면서 더 이상 침묵의 카르텔 안에서 안주하고 동조하려는 비겁함을 인정하고 회개하여야 한다.

아울러 목회자는 제사장이며 동시에 예언자임을 깨닫고 예언자적 삶을 살기로 고백하여야 한다. 지나온 우리의 역사 속에서 저항하고 거절했던 믿음의 선배들의 결단과 순종을 본받아 남은 삶과 시간을 보다 정의롭고 공평한 세상을 위하여 예언자적 삶을 살아갈 것을 결단하여야 한다.

이에 나섬은 종교개혁 500주년 기념주일을 맞아 온 성도와 함께 다음과 같은 신앙고백을 통하여 우리의 삶을 갱신하고자 한다.

나섬은 나그네를 섬기고 나눔과 섬김의 공동체가 될 것을 다짐하며 세워진 하나님의 교회이다. 나섬은 사람의 판단과 생각대로 운영되는 공동체를 거부하며 오직 예수 그리스도가 교회의 머리되심을 인정하는 교회임을 고백한다.

나섬은 작은 자들이 예수임을 고백하며 작은 자들을 예수님 섬기듯 진실되게 섬김의 자리를 지킬 것이고, 그것만이 하나님 나라를 만들어 가는 성도들의 실천적 신앙고백임을 천명한다.

믿음과 삶은 나누어진 것이 아니며 오직 사랑의 실천을 통해서만 예수 그리스도가 말씀하신 하나님 나라를 완성할 수 있음을 고백한다.

나섬은 시대정신 속에서 역사하시는 하나님의 선교적 요청 앞에 서 있음을 인정한다.

이주민 나그네와 아시아의 소외된 청소년들을 위하여 전적으로 헌신하며 이주여성을 비롯한 이방인들의 삶에 함께 하시는 주님을 고백한다.

나섬은 길을 만드는 '길 위의 공동체'로 존재할 것이며, 위선과 거짓의 성을 쌓는 모든 목회와 선교를 거부한다.

나섬은 주님의 재림 때까지 이 모든 사명을 왜곡시키거나 잃어버리는 어리석음을 경계할 것이다. 나섬은 죽는 날까지 오직 주님의 나라를 위한 헌신된 삶을 살아갈 것을 결단한다.

나섬은 기존의 종교권력과 부에 의하여 통제되는 모든 종속적 문화와 관습을 거부할 것이며 철저히 자립 자생의 토대 위에서 주님의 뜻을 이뤄 갈 것을 다짐한다.

그러므로 나섬은 그런 목적으로만 모인 구별된 교회와 공동체임을 확신하고 그 목적에 합당한 헌신과 순종을 결단한다.

우리는 서로 사랑하며 이웃을 예수님 섬기는 마음으로 섬기고 선교하는 신앙공동체이다.

나섬은 마틴 루터를 비롯한 종교개혁자들의 신앙과 철학을 이어받아 '교회는 항상 개혁되어야 한다.'는 개혁의 정신을 따라 개혁의 공동체로 존속할 것을 고백한다.

06

종교개혁 500주년과 세습논쟁

1517년 마틴 루터의 종교개혁은 어떤 배경 하에서 일어났는가? 그리고 그 종교개혁이 오늘 우리에게는 어떤 의미가 있는가? 만약 500년 전 루터가 오늘날의 한국교회에 온다면 지금의 교회에 대하여 무어라 말할 것인지 자못 궁금하다. 특별히 최근의 세습논쟁에 대한 루터의 생각을 듣고 싶다.

루터라면 한국교회의 세습에 대하여 어떤 말을 할 것인가? 세습에 대한 루터의 생각은 한국교회와 일치할까 아니면 우리보다 더 강하게 저항하고 개혁의 기치를 올릴까? 나는 적어도 루터가 세습을 인정하고 동의하지는 않을 것이라 확신한다.

세습이란 무엇인가? 자신이 개척하여 거대한 교회로 성장시켜 놓은 교회를 자신의 아들이나 사위에게 넘겨주어 대를 이어 목회하도록 만들어 주는 것이다. 세상적으로 볼 때 어느 기업주가 자신의 아들에게 기업의 경영권을 넘겨 주는 것과 결코 다르지 않다. 유독 우리나라에만 그런 세습에 대한 강한 집착이 있다.

  기업과 정치권력과 종교권력의 영역에 있어 전혀 차이가 없다. 적어도 교회만큼은 공적 교회로서 교회의 머리는 예수 그리스도라는 고백이 있어야 한다. 하지만 우리는 이미 교회의 주인은 예수 그리스도가 아닌 목회자라고 고백하고 있으며 이는 숨길 수 없는 사실이 되었다.

  그렇다면 오늘 한국교회에서 과연 교회의 주인은 누구인가? 솔직하게 교회의 주인은 예수가 아니라 담임목사라고 답하고 인정한다면 세습이 가능할지도 모른다. 그렇게라도 인정한다면 세습은 가능하다. 왜냐하면 그 교회는 기업이었으니까. 교회가 아니라 교회를 빙자하거나 교회의 모습을 갖춘 기업의 한 종류였다고만 고백한다면 세습은 그나마 인정할 수 있겠다.

  예수가 자신을 따라오라고 하신 것은 영광의 면류관을 위함이 아니라 고난을 감당하라 하심이다. 영광의 자리를 세습하는 것은 예수께서 말씀하시는 의도와는 관계가 없다. 고난을 세습하라. 그것이 예수님을 따라가는 제자의 모습이다.

목회자의 아들이 그렇게 탁월하다면 차라리 아무도 가려하지 않는 골고다에 개척을 시키는 것이 하나님의 정신이다. 하나님은 자신의 아들을 영광의 자리에 남겨두어 세습하게 하지 않으셨다. 오히려 이 세상의 모든 죄를 짊어지게 하시려고 종의 모습으로 가장 낮은 이 땅으로 보내셨다. 자신의 아들을 너무 사랑하셨음으로 세습시켜 주신 것이 아니라 너무 사랑하신 공적 사역을 위하여 아들을 고난과 죽음의 자리로까지 보내신 것이다. 아들을 인간적으로 사랑하는 것과 공적 구원의 사역은 구분되어야 한다.

하나님의 선택을 생각한다면 오늘날 교회의 세습은 하나님과 관계없는 선택이다. 그들만의 세습은 하나님께서 동의하지 않으심을 알아야 한다. 재산과 권력의 세습은 세상에서도 얼마든지 구경할 수 있는 모습들이다. 그러나 그 광경을 교회에서까지 바라보아야 한다면 루터가 통탄하며 무덤에서 벌떡 일어날지도 모를 일이다.

왜 루터는 종교개혁을 해야 했던가? 교회의 타락 때문이다. 성서의 말씀과는 다른 길로 가려는 중세 교회와 지도자들에게 대한 명백한 저항이었다. 하늘의 뜻을 자신들의 이익을 위하여 마음대로 해석하려는 지도자들에 대한 거부였던 것이다. 그런데 과연 저항하고 거절할 수 있는 용기가 오늘 우리 한국교회에 있는가?

지금 우리는 세습의 공범이 될 것인가, 아니면 자유인으로 남아 하늘의 뜻을 따라가는 노마드 목회자로 살아갈 것인가를 결정하여야 한다. 성을 쌓고 세습하는 교회로 남을 것인가, 아니면 길을 만드는 길 위의 목회자로 살아갈 것인가를 선택하여야 한다.

예수께서 성안에 머물지 않고 세습의 자리를 박차고 길이 되셨으므로 나섬과 나 또한 길 위로 올라간다. 나는 동의할 수 없다. 차라리 나그네로 살아가는 것이 훨씬 자유롭고 감격스럽다. 목사가 무엇이며 교회가 무엇인가? 그 알량한 종교 권력과 재산을 위하여 세습을 감행하려는 인생들을 바라보시는 하나님의 마음을 상상하며 나는 홀로 내 길을 떠나려 한다. 누구든 동행자가 되려는 이들이 있다면 길 위에서 만나고 싶다. 새로운 길을 만들기 위하여 길 위로 올라올 이들을 기다린다.

07

에녹과 므두셀라,
그리고 노아와 우리의 미래

창세기 5장 21절 이하에는 에녹과 므두셀라의 기이한 이야기가 기록되어 있다. 에녹은 65세에 므두셀라를 낳았고 므두셀라를 낳은 후 삼백 년을 하나님과 동행하였다는 기록이 있다. 그런데 그 므두셀라는 노아의 홍수심판이 있던 해에 죽었다. 그의 나이 969세 되던 해다. 므두셀라는 성경에서 가장 오래 살았던 사람이기도 하다.

에녹은 그의 아들의 이름을 '므두셀라'라 하였는데 그 이름의 뜻은 '그가 죽으면 심판이 임한다'라는 의미다. 즉 에녹은 종말의 때를 자신의 아들 이름 속에 숨겨놓고는 남은 삶을 하나님과 동행했던 것이다.

다시 말하여 에녹은 종말의 때를 살아야 하는 삶의 모델을 자신이 직접 보여줌으로써 후손들이 어떻게 살아야 하는지를 가르쳐 주려 했다. 그러므로 에녹은 믿는 자의 모델이다.

므두셀라는 가장 장수한 성서의 인물이지만 동시에 그는 마지막 때를 위하여 준비된 사람이다. 그는 노아의 할아버지였으므로 노아가 홍수의 심판을 준비하기 위하여 방주를 지을 때도 분명 노아에게 힘을 실어주었을 것이다. 자신이 죽는 날이 심판의 날임을 잘 알고 있었던 므두셀라는 손자인 노아가 방주를 짓는 동안 어떤 형식으로든 개입했음이 확실하다. 그리고 손자의 방주가 완성되고 홍수의 심판이 시작되던 날 그는 숨을 거둔다.

노아의 증조 할아버지 에녹부터 할아버지 므두셀라, 그리고 노아에 이르기까지 종말의 때는 1000년 동안 예고되었으며 준비된 것이다. 하루아침에 홍수가 나고 하루 이틀에 방주를 지은 것이 아니라 오랫동안 마지막 때를 준비하도록 예고되었던 것이다.

4차 산업혁명의 시대가 다가오고 있다

한반도에는 어느 날 갑자기 통일의 쓰나미가 몰려 올 수도 있다. 탈북자들의 문제는 물론이고 북한에서는 뜻밖의 상황이 초래될 것이다. 그럼에도 교회는 방주가 되기보다는 성이 되려고 하니 우리의 미래가 암울하다. 하지만 위기는 기회이기도 하다. 미래는 위기이지만 동시에 은총의 기회다. 남은 자는 남게 될 것이다. 남은 자가 남은 사명을 다할 것이다.

경제적 자립과 정치적 자유 나아가 율법으로부터의 자유는 나와 나섬이 갈 길이다.

우리는 지금 미래의 위기를 기회로 붙잡고 남은 자가 되기 위하여 노아처럼 조용히 묵묵히 은밀하게 방주를 짓는다. 그날이 오면 모든 것이 드러날 것이다.

08

필리핀 마리아 소녀학교에서

1985년 미국태생의 슈왈츠 신부가 세운 필리핀 마리아 소녀학교를 돌아보았다. 막사이사이상 수상을 위하여 필리핀을 찾았던 슈왈츠 신부가 필리핀의 가난한 소녀들을 위하여 세웠다는 마리아 소녀학교는 3500명의 소녀들이 다니는 전설적인 학교다. 수년전부터 온누리 교회 오장로님의 이야기를 듣고 한번은 꼭 방문하고 싶은 학교였으므로 몽골학교 교사 연수를 위하여 필리핀에 오는 길에 마리아 학교 방문은 당연한 것이었다.

60명이 넘는 수녀님들이 학교를 위하여 봉사하고 있다는 이야기를 듣고 마치 수녀원을 연상해 보기도 했다. 마리아 학교의 소녀의 집은 말 그대로 소녀들만 입학이 가능하며 그것도 가장 가난한 가정의 소녀들에게만 입학이 허용된다고 한다. 엄청난 학생숫자에 비하여 학교의 분위기는 마치 수녀원을 떠오르게 했다.

수녀님들과 함께 하는 소녀의 집이어서였을까 싶지만 그것은 그만큼 내공이 충만하다는 증거이기도 하다. 소녀의 집은 정숙했으며 고요한 피정의 집에 온 것 같은 느낌을 주었다. 조금도 흐트러짐이 없는 소녀의 집에서는 무슨 일이 일어나고 있을까 궁금했다.

곳곳에 학교의 특별한 기술교육과정이 만들어져 있었으며 학생들은 열심히 기술을 배우고 있었다. 제과제빵 수업에서부터 양재와 컴퓨터 수리에 이르기까지 학생들은 조금도 흐트러짐 없이 자기의 자리에서 열심히 공부에 집중하고 있었다. 필리핀에 이런 학교가 있을 줄 누가 상상할 수 있었을까?

내게 가장 큰 도전을 준 것은 슈왈츠 신부의 삶과 헌신이다. 그는 한국전쟁이 끝난 후 부산에 소년의 집이라는 고아원을 설립하여 운영해 오신 분이다. 필리핀의 소녀의 집도 그 연장선에서 시작되었지만 지금은 전세계에서 가장 모범적인 빈곤가정의 자녀들을 위한 기술학교가 된 것이다. 부러웠다. 우리 개신교에도 저런 학교가 있었으면 하는 바람이 생기는 것은 어쩔 수 없는 사실이었다. 우리는 왜 저렇게 제대로 학교를 만들어 운영하지 못하는 것일까 하는 의구심마저 들었다.

그러다 문득 우리 몽골학교가 이런 학교가 돼야 한다는 사명감이 들었다. 지금은 여러 모양으로 부족한 부분이 없지 않겠지만 얼마 지나지 않아 세계적인 학교로 성장하고 전설같은 이야기를 만들어 내는 그런 학교가 될 날이 올 것이라는 확신이 들었다. 아니 그런 학교를 만들어야 한다는 그런 신념이 생겼다. 1999년 8명의 몽골 아이들을 데리고 시작한 우리 학교는 정말 하나님의 은혜로 성장한 학교다. 아무런 배경도 힘도 없는 우리 공동체가 어떻게 그 학교를 여기까지 만들어 운영해 올 수 있었을까를 생각하면 그야말로 기적이다.

학교인가에서부터 지금의 학교교사 건축에 이르기까지 우리는 정말 끝없는 기적을 경험했다. 이제부터가 시작이다. 우리 학교가 저 마리아 소녀의 집 같은 전설과 기적의 이야기를 온 세계에 나누어 줄 날이 올 것이다. 나는 그것을 믿고 있으며 그렇게 학교를 만들어 나갈 것이다. 그것이 내 인생이며 비전인 것이다.

슈왈츠 신부님의 삶이 오늘 엄청난 기적의 학교를 만들어냈다. 소녀의 집에서 공부하는 아이들을 바라보면서 나는 슈왈츠 신부를 생각했다. 처음 몽골학교를 세울 때에 가졌던 첫사랑의 의식과 사명감을 잊지않는 것이 필요하다. 그러나 어느새 다시 매너리즘에서 헤어나지 못하고 있는 나 자신을 본다. 부끄러운 마음이 든다.

처음 시작했을 때로 돌아가야 한다. 아이들이 전부인 학교로 돌아가야 한다. 하나님 나라에 대한 비전으로 충만한 학교여야 한다. 몽골의 미래는 물론이고 우리에게도 커다란 의미를 남기는 학교를 만들고 싶다.

앞으로 30년쯤 지나면 우리 학교의 존재 가치를 알아볼 수 있을 것이다. 그날을 상상하며 학교를 운영하고 만들어 가야 한다. 필리핀 마리아 학교에서 슈왈츠 신부를 찾았고, 다시 30년쯤 지나 우리 학교에 대한 평가가 곧 나에 대한 역사적 평가가 될 것임을 생각한다.

09

나섬에서 시작하는
약자들을 위한 창업사역

　교회는 이 세상의 문제를 어떻게 보는가? 교인들 중 가장 힘없고 약한 사람들에게 어떻게 선교적 교회로서 역할을 할 것인가? 이런 고민은 나섬의 사역을 하는 내게도 큰 고민거리였다. 나섬을 찾아오는 이들은 대부분 가난하고 힘없는 사회적 약자들이다. 이주 노동자들을 비롯하여 다문화 가정과 탈북자 그리고 오늘 우리 사회의 최대 약자들인 청년들이다.

　특히 장애를 가진 청년들이라면 더욱 심각한 사회적 사각지대에 있는 사람들이다. 그런데 묘하게도 우리 공동체의 구성원들은 그런 사람들이다. 특히 탈북 청년들의 경우는 매우 심각하여 그들을 위하여 창업을 지원하고 컨설팅을 하는 담쟁이학교를 만들었다. 나는 앞으로 길 위의 선교사라는 새로운 선교 공동체도 꿈꾸고 있는데 길 위 선교사의 가장 중요한 목적은 경제적 자립을 통한 선교적 삶을 지원하는 것이다.

지난주 우리 청년들과 외국인 사역자들이 함께 수련회를 다녀왔다. 수련회에서 나는 청년들과 사역자들에게 무언가 해주고 싶은 것이 있다고 말하였고, 그때 우리 청년들이 하고 싶은 것이 목공임을 알게 되었다. 그래서 목공을 청년들을 위한 새로운 창업 아이템으로 정했다.

그래서 먼저 목공을 배우기 위해 시립 기술학교에 신청을 하게 하고 주변에 이미 목공을 하고 있는 분들을 찾고 있는 중이다. 나는 청년들에게 무엇보다도 창조적이고 예술적인 목공을 해야 한다고 강조하였다. 그랬더니 어느새 청년들이 희망을 품기 시작했다.

이 일이 지금은 작고 보잘 것 없는 것처럼 보이지만 나는 지금 가슴이 설렌다. 우리 청년들이 지금과 달리 인생의 성공적인 열매들을 주렁주렁 맺기를 바라고 있다. 나는 그들이 할 수 있는 모든 것을 지원할 생각이며 청년들의 성공을 위하여 먼저 무언가를 빨리 하고 싶은 것이다. 뿐만 아니라 탈북청년들을 위해서는 새로운 창업 아이템을 생각하고 있는데 곧 좋은 일이 일어날 것임을 예견한다.

나섬은 지금 사회적 약자들인 우리 공동체의 청년들과 탈북청년들에게 무언가를 해주려 한다. 이것이 선교다. 나는 선교가 추상적이고 관념적인 신앙으로만 머물도록 가르침 받지 않았다. 주님의 사역은 구체적이고 현실적이다. 약자들의 문제 속으로 깊이 들어가 함께 고민하고 문제를 해결할 수 있는 공동체가 되어야 한다. 지금 우리는 약하지만 계속 약자로만 머물러 있을 수는 없다. 무엇인가 새로운 사역을 시작해야한다. 창업이 그 사역의 시작이다. 탈북 청년들을 비롯한 청년들과 장애를 가진 우리 아이들에게 힘이 되어 주고 싶다.

나아가 이주 노동자들과 다문화 가정에게도 그런 사역이 필요하다. 창업을 위한 펀드를 만들어야 한다. 지속적으로 창업을 시켜줄 수 있는 자원이 필요하다. 나는 오랫동안 그 방안으로 '십일조 나눔 재단 설립'을 역설해왔다. 십일조를 나누어 힘없는 이들에게 창업을 지원할 수 도록 새로운 선교적 경제활동을 시작할 때다.

우리나라 다문화 사역에서의
한국교회의 기여

　지금 우리가 살고 있는 다문화 시대에 한국교회는 선교와 목회에 있어 어떻게 그 책임과 역할을 다해왔는지 정리하는 것은 매우 중요한 의미를 지닌다. 필자는 한국교회 이주민 선교를 처음 시작한 목회자로서 그 역할과 기여에 대하여 정리해보고자 한다.

　사실 한국교회는 이주민들의 인권과 생존권을 위하여 매우 중요한 역할을 해왔다. 필자가 1992년 겨울 이주민 선교를 위하여 구로동에 들어갈 즈음 이주민들의 삶은 매우 열악했다. 특별히 이주노동자들의 노동현장에서 일어나는 많은 문제들은 다 설명할 수 없을 정도로 어려운 것이었다. 임금체불과 산업재해는 거의 모든 이주노동자들이 겪는 고통이었으며, 불법체류자에 대한 과도한 벌금과 인권문제는 너무도 심각한 지경이었다.

그러한 문제를 해결하기 위한 첫 번째 사업은 연대와 적극적인 홍보가 있어야 했다. 연대조직으로는 이주노동자 선교현장의 모든 목회자와 공동체를 연합하는 조직의 구성이었다. 당시에 조사한 결과 한국교회는 물론이고 천주교와 불교 등 각 종교단체 혹은 NGO 등에서의 이주민에 대한 지원은 거의 찾아 볼 수 없었다.

일부 천주교에서는 성당차원에서 필리핀 노동자들을 위한 모임은 지원하고 있었는데 자양동 성당이 그곳이었다. 또한 명동성당 내에 노동사목의 차원에서 이주노동자 상담소 설치를 준비하고 있었다. 물론 NGO 차원에서의 역할은 기대하기 어려운 시절이었다.

그 즈음인 1993년 9월 필자는 '한국교회 외국인노동자선교협의회'를 구성하여 초대총무를 지냈다. 당시 한국교회 내에서 이주민 선교를 하고 있는 목회자나 교회는 약 30군데였는데 그곳을 매월 1회씩 방문하여 선교현장과 경험을 나누는 월례모임을 가졌다. 지금 기억나는 곳은 파주 금촌 지역의 교회, 서울 성북구의 필리핀 공동체, 성남의 이주민 선교공동체 등이다. 하지만 그 당시의 선교현장은 현재 문을 닫았거나 이주민 목회를 하고 있지 않다.

'한국교회 외국인노동자선교협의회'는 한국교회는 물론이고 국내 이주민지원단체와 각 종파를 초월하여 최초의 연대기구인 셈이다.

이주민에 대해 아무런 경험을 갖고 있지 못한 한국교회에서 서로의 고충을 이해하고 공감하며 연대한 최초의 조직이었다. 초교파 모임이었지만 어떤 선교적 편견이나 이념적 갈등은 없었다. 서로 아파하며 살았음으로 함께 모인다는 자체가 큰 위로와 힘이 되던 시절이었다.

누가 크냐하는 경쟁의 관계도 아니었으며 나이의 격차는 물론이고 교단과 교파를 초월한 그대로의 에큐메니칼한 연대를 하였다. 그러다 차츰 우리 내부에서 이주민의 문제에 대한 전환점이 필요하다는 생각에 공감하며 대사회, 대정부 차원의 홍보와 우리의 절박한 마음을 표출하자는 논의가 시작되었다.

1993년 가을쯤 몇 사람의 목회자들이 중심이 되어 각 단체 내의 이주 노동자 문제를 종합 정리하여 대사회 홍보와 투쟁을 하자는 결론을 냈다. 그리고 1994년 1월 드디어 그 당시 '경제정의실천시민연합'을 찾아가 농성을 시작했다. 이것이 한국 사회내의 첫 번째 대사회 홍보와 투쟁이다. 그 추운 겨울을 나는 지금도 기억한다.

우리의 요구는 이주노동자들의 인권과 노동권 나아가 생존권을 보장하라는 것이었다. 특히 임금체불과 산재 문제 등 여전히 인권의 사각지대에서 고통 받는 나그네들의 삶을 도와 달라는 것이었다. 우리나라에 이주민 나그네가 있는지도 잘 모르던 시절에 우리는 감히 정부를 상대로 이러한 요구를 하였었다. 경실련은 즉각 대책위원회를 구성하여 정부를 상대로 압력을 가했으며 정부는 대책위원회와 협상을 하기 시작했다.

한 달 간의 농성과 대책위원회의 활동은 상상하기 어려운 열매를 맺었다. 우리 사회내의 이주민들의 인권과 생존권에 획기적인 발전을 이룩한 것이다. 임금체불을 당한 그 어떤 불법체류자도 임금체불을 해결하여야 강제출국이 가능하게 되었고, 특히 산재문제는 기업이 비록 산업재해보상보험을 들지 않은 미등록 업체일지라도 그 업체에서 발생한 이주노동자들의 산재는 정부가 책임지고 해결해 주겠다는 약속을 받아낸 것이다.

뿐만 아니라 이주민 나그네들에 대한 사회적 편견과 차별의 장벽을 허물어야 한다는 국제적 기준의 제도와 법 개정을 요구하는 매우 혁신적 차원의 인식에 공감하게 되었다. '한국교회 외국인노동자 선교협의회'가 구성되고 그 협의회가 주도한 첫 번째 투쟁의 결과는 만족스러운 것이었으며 그 후 이주민 문제는 교회의 울타리를 넘어 엄청난 변화를 겪게 된다.

예를 들어, 그 이전에는 한국노총을 비롯한 국내 노동자단체가 이주노동자들을 같은 노동자로 인정하지 않고 오히려 백안시하였는데 그 이후로 이주노동자를 같은 노동자의 범주에서 함께 연대하자는 논의가 급속도로 진행되었다. 이주민을 위한 수많은 시민단체가 생겨나기 시작하였으며 정부 각 부처에서도 많은 지원이 이루어졌다. 국회에서는 다문화 가족지원법이 만들어져 우리 사회내의 다문화 가정에 대한 관심이 높아지기 시작했다.

그런 흐름이 또 다른 종파인 불교와 이단종파들에까지 영향을 끼치게 되었다. 지금은 다문화 가정에 대한 지원이 중복 편중되어 오히려 역차별이라는 소리를 들을 정도다. 각 지자체에는 다문화 가족 지원센터가 만들어져 있으며, 정부 내의 각 부처는 경쟁적으로 다문화 지원을 하고 있는 실정이며 각 지자체에서도 많은 관심과 지원을 하고 있다. 그러나 이런 높은 관심과 지원은 여전히 제한적이며 편중되어 있다.

우리나라에서 이주민의 영역은 이주노동자를 비롯하여, 외국인 유학생, 결혼이민자와 난민 그리고 탈북자에 이르기까지 매우 다양한 모습으로 유입되고 있음에도 '다문화'라는 차별적 기준을 만들어 놓고 그들에게만 관심을 갖고 있다. 다문화가정이란 한국 사람과 결혼한 이주민 가정에 국한지어 말하는데 이것은 아직도 우리가 얼마나 차별적인 법규를 갖고 다문화 사회를 제단하고 있는지를 단적으로 보여준다. 다문화라는 용어보다는 이주민이라는 보편적 차원에서 우리 사회를 바라보아야 한다.

그럼에도 짧은 이주민의 역사에서 한국교회의 역할은 대단히 컸다. 우리는 이주민의 문제가 획기적인 차원의 변화를 이루는데 지대한 공헌을 하였다. 한국교회의 역할과 기여는 마치 나비효과를 보는 것 같다. 당시에는 작은 몸부림이었지만 돌아보면 그 시절의 우리의 열정과 발걸음은 얼마나 큰 족적이던가? 비록 많은 어려움이 있었고 고난의 시간이었지만 우리의 수고는 헛되지 않았다. 세상을 바꾸는 것은 우리의 작은 헌신이다. 몇 명의 선구자가 세상을 바꾼다.

다문화 이주민에 대한 목회적, 선교적 과제는 절대적이다. 이것은 선택이 아니라 필수이며 하나님은 우리 사회의 이주민을 통하여 세상을 바꾸고 하나님 나라를 확장하시기 원하신다.

이를 위하여 총회와 노회는 별도의 이주민 선교 매뉴얼을 만들어 각 교회와 목회자들에게 교육 훈련을 시켜야 한다. 아울러 총회는 이주민의 시대와 세계화에 합당한 법개정과 선교적 패러다임을 바꾸려는 노력을 하여야 한다. 이제 한국교회의 시대정신은 세계화이며 이주민 선교다. 나그네를 순례자로 만들고 나아가 역파송의 선교를 통하여 이 세상을 바꾸는 공동체가 더욱 많이 나와야 한다.

2부

길을 여는 자

01

고린도 교회가
한국교회와 오버랩되다

멋진 3월의 고린도이다. 이렇게 날씨가 좋을 수가 없다. 맑고 깨끗하고 조용한 고린도 유적지 주차장에 홀로 앉아 있다. 발바닥 상처로 걷지 못하니 모두가 유적지 안으로 들어간 빈 주차장 호젓한 버스 안에 이렇게 있는 거다. 혼자 있는 이 자리가 어쩌면 유적지 탐방보다 나쁘지 않다. 이런 저런 생각을 하기에 너무 좋은 분위기다. 하나님께서 내게 은총을 주신 것 같다.

그런데 갑자기 조용하던 버스 안에 기사가 들어오더니 전화기를 붙잡고 전화를 한다. 조용하던 버스 안이 소란스럽다. 한마디 해줄까 싶었는데 그도 내 마음을 알았는지 전화를 끄고 조용히 앉아 있다.

2000년 전 바울 사도가 1년 6개월을 목회하고 선교하던 고린도 교회를 생각해 본다. 당시 고린도 지역은 부와 자본이 모여드는 상업의 중심지였다. 아테네에서 복음을 전하던 바울이 고린도를 주목했던 것은 극히 자연스러운 것이리라.

아테네에서 불과 85km밖에 떨어지지 않은 고린도는 에게해와 이고니온해를 동시에 품을 수 있는 항구 도시였다. 지중해의 모든 것이 한눈에 들어오는 천혜의 지역 고린도가 무역과 상업의 중심지였음은 당연하다. 헬라인을 비롯하여 많은 유대인들도 이곳에 모여 살았다.

바울 사도가 고린도를 찾았을 때에 아굴라와 브루스길라라는 신실한 유대인 부부가 있었다. 그들은 텐트를 만들어 장사를 하던 사람들이었으며 곧바로 바울의 눈에 띄게 되었다. 바울도 예전에 랍비훈련을 받을 때에 텐트를 만드는 기술을 배웠으니 그들의 동업은 자연스러운 것이었다.

그렇게 바울은 비즈니스 선교를 시작했다. 돈을 벌어 자비량 할수 있는 선교사가 되었던 것이다. 얼마나 현대적인 모델인가? 그들의 선교모델은 지금 한국교회의 선교모델이다.

그러나 고린도 교회를 생각할 때에 한국교회가 오버랩되는 이유는 다른 데 있다. 그것은 교만과 편협한 이기주의와 당파주의 때문이다. 부자가 되었다고 자랑하며 자기중심적인 신앙과 당파주의가 고린도 교회의 모습이었으니 지금의 한국교회와 크게 다르지 않았나보다.

부자들이 모여들던 고린도 교회는 인간적인 자랑거리가 많았다. 뿐만 아니라 바울파니 아볼로파니 혹은 게바와 그리스도파니 하며 당파주의가 만연하던 교회였다. 누가 더 크고 신앙적으로 우월한지에 대하여 논쟁하던 교회가 고린도 교회다. 방언과 예언과 신유와 같은 은사를 자랑하며 교만의 신앙이 극에 달하던 교회였다. 인간적인 교만과 영적인 교만이 가득한 교회였다. 거기에 율법주의의 잔재가 남아 여전히 과거의 구습이 남아있던 교회다.

구태와 교만과 십자가 없는 신앙으로 가득 채워진 교회가 고린도 교회였다. 그런데 지금 그곳에 그런 고린도 교회의 모습은 없다. 과거의 이야기꺼리로 전락한 작은 그리스 시골 고린도만 남아 있을 뿐. 어쩌면 지금 우리의 현실이며 미래의 한국교회를 예고하는 모습이다.

자기중심적인 개교회주의와 교만으로 충만한 교회들, 그리고 편협한 당파주의와 교권주의 교회로 팽배한 한국교회가 여기 고린도 유적지에서 문득 떠오르는 이유는 거기에 있다. 우리는 지금 고린도 교회에서 한국교회를 배워야 한다. 우리가 얼마나 교만하고 이단적인 자본주의 이념에 사로잡혀 살아가고 있는지 그리고 교회안의 그 무지한 영적 교만과 근거 없는 성령 운동과 교파와 교단의 교권주의 등에 대해서 말이다.

바울 사도는 퍽이나 고린도 교회를 사랑하셨나보다. 노마드 유목민처럼 선교하시던 그도 1년 6개월이나 남아 목회하시고 선교하신 것을 보니 말이다. 에베소 교회와 고린도 교회에서만 유일하게 시간을 두고 머물던 바울 사도에게 고린도 교회는 무엇이었을까?

오늘 나는 고린도 교회가 있었을 그 작은 폐허의 도시에서 한국교회의 미래를 생각해 본다. 결국 우리도 고린도 교회의 말로를 반복하지 않을까하는 걱정을 하면서 말이다. 고린도 교회를 따라가지 않는 것이 복이다. 그러기 위해서는 교만의 뿌리를 제거하는 것이 우선이다.

교만은 성공주의목회이며 교회의 자랑거리를 만드는 짓이며 부자가 되었다고 머물러 있으려는 관성이다. '우리 교회만'이라는 교단과 교파 우선주의와 교회성장주의 목회다. 잘못되고 편협한 성령주의 목회다.

사랑이 제일이라 하지 않던가? 사랑으로 주변을 섬기고 살아야겠다. 고린도 교회에서 나는 한국교회를 생각한다.

02

아프가니스탄 난민의
'할렐루야!'

그리스 아테네 난민 사역지에서 기적이 일어났다. 난민 사역 두 번째 날 아침에 침술 사역팀 쪽에서 어눌하지만 '할렐루야!'라는 외마디 소리가 들렸다. 그 외마디와 함께 우는 소리가 들려왔다. 아프카니스탄 난민 한 사람이 울면서 '할렐루야'를 연신 외치고 있는 것이었다. 오랜 중풍으로 고생하던 아프가니스탄 출신의 난민 한사람이 기적같이 치유되었기 때문이다.

팔도 못쓰고 말도 못하던 이가 우리 난민 사역팀에 찾아와 침술 치료를 받고는 그 자리에서 기적같이 회복되었던 것이다. 누구도 예상하지 못한 일이 일어났으니 모두가 놀라고 있었다. 나는 지금 한쪽 구석 작은 책상에 앉아 그의 소리를 듣는다. 그 소리를 어떻게 설명할 수 있을까?

예수님에게서 치료받고 그 자리에서 일어나 뛰며 소리를 지르던 베데스다 연못가의 그 중풍병자의 소리가 이런 것일까를 생각해 보았다. 그럴 것이다. 그도 이런 소리를 냈을 것이다. 그 소리는 보통의 사람이 지르는 소리가 아니다. 너무도 기이하고 이상한 소리였다.

절망에서 벗어난 어느 기적의 주인공이나 지를 수 있는 그런 소리다. 누구나 지르는 소리가 아닌 구원받은 자가 지르는 가슴 한 복판에서 흘러나올 수 있는 그런 감사의 소리다. 그렇게 들려오는 소리를, 나는 들었다.

처음에는 정말 이상했다. 내 귀를 의심했다. 소음이 아닌 이상야릇한 소리였다. 난생 처음 들어보는 소리였다. 누군가 이 세상에 태어날 때에 들어보았을, 아니 그것보다 더 감동적인 소리였다. 페르시아말과 할렐루야라는 말이 어우러져 들려왔다.

분명히 그 소리는 할렐루야였고 계속해서, 그는 잊어버렸을지도 모르는 그의 말을 쏟아내고 있었다. 말을 한다는 것이 얼마나 큰 축복인가를 생각했다. 말을 할 수 있다는 것이 진정 감사한 일임을 알고 살아야 한다. 그는 잃어버린 말을 찾았다.

말을 할 수 있음은 인간만이 가진 특권이다. 물론 동물도 그들만의 언어를 가지고 있다. 그러나 그들이 하는 말이란 그들만의 소통을 위함이다. 하나님을 찬양하는 말은 할 수 없다. 그는 아프가니스탄의 무슬림이 분명하다. 그런 그에게서 '할렐루야'라는 말이 터져 나온다. 그건 가르쳐서 나오는 고백이 아니다. 그가 그 말을 배운 적도 누구에게서 들어본 적도 없는 특별한 언어다. 몸으로 경험해 보지 않았다면 그런 소리는 없다. 기적을 경험해본 사람만이 할 수 있는 은총의 언어다. 그 아프가니스탄의 난민은 그 은총을 받은 자다. 그러기에 그는 '할렐루야'라는 말을 할 자격이 있다.

내가 지금까지 교회 안에서 들었던 그런 할렐루야가 아닌 감격의 눈물을 흘리며 외치는 할렐루야라는 말은 그 자체로 충격이었다. 난민들에게서 할렐루야를 들으며 많은 생각을 한다. 다시 한 번 할렐루야를 생각한다. 그 말의 의미와 그 말을 할 수 있는 자들의 감격을 생각한다. 그 자리에 나는 함께 하고 있다.

03

그리스에서 천국을 보다

무슬림 난민들이 생겨나면서 이곳 그리스 아테네는 난민들의 이동 거점이자 유럽으로 들어가는 길목이 되었다. 그 가운데 아테네의 사마리아 센터는 오갈 데 없는 무슬림 난민들의 소중한 안식처다. 성서 속 선한 사마리아인의 역할을 감당하는 곳이니 참으로 귀하다.

나는 지금 어수선한 이곳 사마리아센터에서 감동이 오는 대로 글을 써내려간다. 어차피 보이지도 않고 여기에 오기 전 발바닥에 상처가 생겨 걷지도 못하는지라 이렇게 글로라도 감동을 남기는 것이 나의 사역이라 생각하고 있다.

지금 내가 있는 곳은 1층이고 위층에서는 호잣트 선교사가 이란인들을 비롯한 페르시아권의 난민들에게 복음을 전하고 있다. 정말 정신없이 돌아가는 사역이다. 주방에서는 점심식사를 준비하느라 분주한데 냄새로 보아 오늘 점심은 닭볶음탕인 듯하다.

판가즈 전도사를 비롯한 어린이 사역팀 또한 난민 어린이들 맞을 준비로 바쁘게 움직인다. 덩달아 영길이도 어린이 사역팀에 끼어 무언가 열심히 하는 모습이 그려진다. 침술사역과 난민여성들을 위한 미용 서비스까지 하려니 사마리아 센터가 마치 어느 시골 장터 같은 분위기다. 서울에서부터 아테네로 오일장이 선 느낌이다.

오일장의 손님들은 난민들이고 물건을 파는 이들은 시니어선교사들이다. 우리는 흥겨운 잔치상을 준비한다. 조금은 흥분한 것 같은 우리 일행의 목소리와 움직임에서 천국의 잔치가 이러하겠구나 느껴진다. 감사한 마음에 감동이 밀려온다.

발바닥을 다치지만 않았어도 위 아래로 돌아다니며 응원하고 칭찬하고 싶은 마음 굴뚝같지만 그럴 수 없음이 아쉽다. 그러나 이것도 좋다. 움직이지 않고 앉아 듣고 느끼는 것만으로도 충분히 기쁘다. 코와 귀만으로도 나는 충분히 이 잔칫날의 흥겨움에 동참하고 있다.

눈과 발이 장애를 입었지만 그나마 듣고 냄새라도 맡을 수 있으니 참 좋다. 부족하지만 나는 내 자리를 만들고 아직 끝나지 않은 내 존재를 확인한다.

성공하고 완전해야 하나님 나라 잔치에 참여하는 것은 아니다. 내 삶이 부족하고 열등하지만 이 자리에 있는 것만으로도 의미가 있다. 연로하고 무릎이 아픈 나의 어머니 권사님도 내 옆자리에서 말로 사역을 챙기니 우습기도 하고 감사하다. 힘이 있어야 사역하는 것이 아니다. 힘이 없으면 없는 대로 사는 거다. 부족하고 열악함에도 존재의 가치는 있다. 돈도 아니고 능력도 아니다. 하나님 나라의 일꾼은 입만 가지고 있어도 가능하고, 병든 몸도 소중하게 인정된다. 일하는 사람은 일을 하고 노는 사람은 노는 대로 좋다. 천국은 평등하지 않다.

일꾼들을 부르시고 임금을 나누어 주시면서 천국의 비유를 말씀하시던 예수님이 느껴진다. 각자의 은사와 역할이 있을 뿐 누구도 앞서거나 뒤서지 않는다. 오직 각자의 자리가 있을 뿐이다. 천국은 돈이나 자본으로 계량화하거나 공과를 가늠하는 어떤 인간적인 경쟁도 필요 없다. 천국은 오직 쓰임 받는 존재만 있을 뿐이다.

지금 누군가의 간절한 기도소리가 들린다. 저이는 무슨 사연으로 이렇게 눈물을 흘리며 기도하고 있을까? 방금 앞에서는 판가즈 전도사를 중심으로 아이들을 위하여 작은 학교가 열렸다. 말이 통하지 않지만 우리는 행복하게 사역을 하고 있다. 웃고 떠드는 소리 그리고 어디선가 알지 못하는 이들의 웅성거림까지 나는 정신없이 들려오는 소리에 귀를 기울인다.

천국이 이런 모습이 아닐까 생각하니 갑자기 눈물이 난다. 감사하고 또 감격스러워 내가 지금 이 자리에 앉아 있는 것만으로 눈물이 난다.

2007년 아프가니스탄 탈레반에게 40일 동안 피랍되었던 유바울 선교사님은 저쪽에서 침을 맞고 계시다. 그동안 어깨가 너무 아파 고생했으므로 침술 사역팀이 오기를 누구보다도 기다렸다며 웃으시는 선교사님의 모습이 천국의 어린아이처럼 해맑다.

판가즈가 영어로 말하면 이란사람이 페르시아어로 통역을 하며 무슬림 아이들에게 복음을 증거 한다. 아이들에게 복음성가를 가르쳐주고 우리 일행은 박수를 치며 함께 한다. 웃고 떠들고 마치 난장판 같지만 여기가 천국이다. 천국이 바로 이런 것임을 나는 오늘 새롭게 발견하고 있다.

어느 누가 이렇게 온전치 못하고 비정상적이며 전혀 의도되지 않은 모습 속에서 천국이 있음을 상상했을까? 저들은 무슬림 난민들이다. 이란과 아프가니스탄에서 들어온 난민들이다. 미래에 대한 희망도 비전도 없이 저들이 지금 여기에 있다. 우리와 같은 곳에서 호흡하며 웃고 울고 떠들며 박수를 치고 마음을 연다.

난민의 아이들은 지금 이 자리에서 인생이 바뀌는 소중한 경험을 한다. 교육이 너무 중요함을 잘 아는 나는 아이들에게 더욱 관심이 있다. 그래서 더 잘하고 싶다. 가슴에서 꿈틀거리는 간절함과 절박함이 나를 더 깊은 심연의 자리로 이끈다. 사랑하며 살고 싶다고 한 마음의 소원이 이렇게 이루어진다. 행복하고 감사하다. 내 삶에 함께 하시는 주님이 여기에 계시다. 주께서 나와 우리 모두를 행복하게 만드신다. 이렇게 사는 게 잘 사는 길임을 다시 확인한다.

"오! 하나님 감사 합니다."

일관성과 배반의 삶

프랑스 출신의 실존주의 철학자이며 사상가인 장 폴 사르트르는
20세기 가장 완벽한 인간으로 체 게바라를 꼽았다. 가장 이상적인
인간이 게바라라는 것이 그의 생각인 모양이다. 나도 게바라의 평
전을 읽고 참으로 매력적이고 이상적인 삶을 살았던 사람이라는 인
상을 받았었다. 게바라는 아르헨티나 출신으로 의학을 전공한 사
람이었다.

그러나 그는 어느 날 남미대륙 여행을 통하여 고통 받는 민중들의
삶을 보았고 그 근본적인 원인이 독재와 제국주의라는 사실을 알고
는 곧바로 쿠바혁명에 참가하여 카스트로와 함께 혁명을 성공으로
이끌었다. 그 후 쿠바에서의 안정적인 삶을 뿌리치고 다시 아프리
카 수단 혁명을 위해 모든 것을 버리고 떠났으며 나중에는 볼리비

아에서 게릴라 활동 중 체포되어 미국의 CIA에 의하여 총살되었다. 지금도 젊은이들 중 게바라라는 이름과 함께 그의 덥수룩한 수염이 자란 얼굴이 새겨진 옷을 입고 다니는 모습을 볼 수 있다.

아주 오래전 나는 게바라를 좋아했고 그의 혁명적 삶을 추종하기도 했다. 게바라처럼은 못하겠지만 비슷하게라도 따라 살아보겠노라 생각하며 신학생 시절을 보내기도 했다. 그러다 어느새 나는 오십을 넘어 며느리를 보고 손자가 생기고 내 삶의 울타리가 만들어지면서 현실에 안주하며 늙어가고 있다.

한 인간이 태어나 죽는 날까지 자신의 신념을 지키고 꼿꼿하게 주어진 삶을 살고 끝까지 역사적 숙명을 자각하며 산다는 것이 대단히 어려운 일임을 알았다. 대표적으로 요즘 정치인들이 그렇게 보이는 것은 나만의 생각은 아닐 듯하다. 과거에는 민주화 운동이니 인권 변호사니 하던 이들이 이제는 그 알량한 권력을 위하여 이념과 신념을 포기하고 우파이든 수구이든 가치보다 당장의 인기몰이에 매몰되어 망가져가는 모습이 안타까워 보인다.

특히 목회자가 한평생 목숨보다 더 귀하게 여겨야할 삶의 일관성을 잃어버리고 권력의 단맛에 머물며 평생 쌓은 명예와 가치를 쓰레기처럼 내팽개치는 모습을 보면서 인간적인 연민마저 드는 것은 왜일까?

평생 스스로는 잘살아 왔다고 평가하고 싶었을 노년의 삶에 저렇게 냄새를 풍기며 망가져 가는 한 노욕의 목회자를 바라보면서 일관성에 대하여 생각하게 된다.

무엇이 우리를 패배하게 하는가? 처음부터 살고자했던 삶의 가치와 방향성을 송두리째 쓰레기 버리듯 아무렇지도 않게 포기하는 이유는 무엇일까? 평생 목숨보다 귀하게 여기던 그 자랑스러운 삶을 완전히 무시하고 한순간 얼굴을 돌릴 수 있는 저 용기는 어디서 나온 것일까? 아니 이렇게 쉽게 변할 수 있는 그 가치와 신념이란 얼마나 보잘 것 없으며 가벼운 것이었을까를 곰곰이 생각해 본다.

적어도 목회자의 정치적 선택은 예수 그리스도의 삶에 대한 신앙고백적 터전 위에서만 그 정당성을 얻을 수 있다. 정의와 진리 편에서 예수 그리스도라면 어떤 편향성을 가지셨을까를 고민하지 않는 정치적 참여는 어떤 변명으로도 동의해줄 수 없다.

적어도 만약 자기 자신의 정치적 소신이라는 미명하에 정당성을 얻고자한다면 그것은 큰 착각이다. 그가 정치적으로 높은 권력의 자리에 올랐다면 그것은 한국교회가 만들어준 명성과 터전 위에서 얻어진 것임으로 그 개인의 것이 아니다. 수많은 논쟁과 토론을 통하여만 그에게 주어질 수 있는 자리이다. 그 개인의 것이 아니라 한국교회 전체를 평가하게 할 수 있는 상징적인 선택이기 때문이다.

한 목회자의 정치적 선택이 무슨 큰일이겠느냐마는 지금의 현실 속에서 그 목회자의 선택은 한국교회에 대한 이념의 편향성을 드러나게 하는 객관적 사실을 담보하고 있기 때문에 대단히 위험한 결정이다. 그럼으로 그는 그의 자리에서 당장 내려오거나 아니면 교회나 목회자가 아닌 한 개인의 선택임을 강조하고 스스로 한국교회나 목회자와는 관계없음을 선언하여야 한다.

예수처럼 소외된 이들의 친구가 되고 작은 자들과 함께 평생을 살고자 결단하고 시작한 목회와 인생이라면 주류의 언저리에는 그림자도 얼씬거리지 말아야했다. 목회를 하면서 왜 우리 교회에는 사람들이 모이지 않을까를 고민하는 목회자라면 차라리 처음부터 강남이나 분당에서 개척을 하고 대형교회 주변에서 스펙 쌓는 목회에 전념했어야했다.

이방인이니 나그네니 하는 말들은 구차스러운 자기변명의 구실에 불과했다는 사실을 고백하고 이제부터라도 성공과 권력과 돈과 명성을 좇아 그들끼리의 리그에 참여하는 것이 옳다.

오늘밤은 잠이 오지 않는다. 자주 보지도 않던 뉴스에 관심을 갖고 돌아가는 세상의 이야기를 듣자하니 내가 그토록 따르고 배우고자했던 전설 같은 한 선배 목회자의 타락과 한꺼번에 연기처럼 사라져가는 그의 평생의 삶이 안타까워 가슴이 답답해진다.

나이를 먹을수록 욕심은 내려놓고 명성도 좇지 않고 작은 시골마을 교회를 섬기거나 가난한 나라 소외된 이들의 친구로 남아 산다는 것이 그저 그림 같은 이야기로구나 하는 생각이 든다. 일관성을 잃어버리는 것은 욕심 때문이다. 욕망이라는 전차에 올라타는 순간 어느 누구도 예외 없이 멈추지 못하고 질주하게 되어있다. 쌓는 것보다 지키는 것이 더 어렵다. 목회자로서 일관성과 가치를 지키고 산다는 것이 여간 어려운 일이 아닌 것 같다.

　주류이기를 포기하고 아웃사이더로 살고자 했다면 주류에 열등감 갖지 않고 자존감 있는 삶을 살아야 일관성을 간직할 수 있다. 예수님이 어디 주류였던가? 그분보다 비주류는 역사에 없었다. 주류가 될 수 있었음에도 비주류의 삶을 선택하신 그분이 좋아 제자가 되고 목회자가 되었다면 예수의 길을 흉내라도 내면서 살아야 하리라.

05

길을 지배하는 자가
세상을 지배한다

초원길과 비단길의 주인들

주전 6세기부터 몽골초원을 넘어 유라시아 대평원의 주인은 스키타이 유목민이었다. 페르시아의 다리우스와 초원의 주도권을 놓고 격돌할 만큼 강한 초원의 유목민이었다. 그 후 주전 3세기 중국에서 시황제의 진나라가 중국을 통일할 때에 몽골초원의 유목민은 흉노였다. 흉노라는 유목민은 얼마나 강하고 두려운 존재였던지 진시황제는 그 흉노를 견제하기 위하여 만리장성을 쌓기 시작했다. 그때까지의 유목민은 몽골과 유라시아 초원을 중심으로 유목 초원길을 만들었으며, 당시 우리 민족은 고조선을 지나 고구려를 비롯한 삼국시대가 한반도에 자리를 잡아가기 시작했다. 초원길은 유목민들에 의하여 만들어진 길이며 그 초원길의 마지막 종착점이 우리 민족이 자리를 잡은 이 땅이었다. 우리의 유전자 속에 북방의 흔적이 있는 이유가 그 때문이다.

그러나 유목민들이 초원의 영원한 지배자일 수는 없었다. 진나라가 불과 한 세기도 버티지 못하고 망한 이후 한나라가 출현하면서 특히 한나라의 무제가 장건을 통해 흉노 정벌을 시작하면서부터 초원의 길은 비단길이라는 새로운 길로 변화하기 시작했다. 장건의 흉노 정벌과 서역개척이 비단길이라는 역사상 가장 중요한 길을 개척하게 한 것이다.

그 후 비단길의 주인이 세계와 역사의 주인이 되었다. 비단길을 누가 지배하는가가 세계질서의 패권을 장악하는 것이라는 등식이 성립하게 되었다. 한나라의 무제에서 몽골의 칭기즈칸까지 그 비단길을 놓고 한판의 대접전이 일어나게 된 것이다. 물론 한나라 이전인 마케도니아의 알렉산더와 페르시아의 다리우스도 그 길을 차지하기 위해 끊임없는 전쟁을 일으켰었다. 다만 그때까지의 길이 초원길이었다면 한나라 이후의 길은 비단길이 된 것이다.

주후 1세기 중동의 작은 땅에서 기독교가 시작되었다. 바울의 초기 선교는 지금의 터키에서부터 시작되었다. 수리아의 안디옥에서부터 에베소와 드로아 그리고 나중에는 마케도니아의 빌립보와 데

살로니가, 고린도와 아테네에까지 복음이 전파되었다. 그 땅은 복음의 땅이었으며 기독교의 공간이었다. 적어도 7세기 아라비아의 메카에서 모하메드라는 비단길의 상인이 이슬람을 창시하기 전까지는 말이다. 그렇다. 이슬람의 세력이 급성장하면서부터 세계의 축은 달라지기 시작했다.

특히 길은 그 중심이 된다. 누가 길을 지배하는가가 역사를 지배한다는 논리가 성립되는 것이다. 무슬림들은 비단길의 주인이 되려 했다. 기독교는 터키의 북쪽 보스포로스 해협을 넘어 유럽으로 가려했고 이슬람은 아라비아에서 지금의 이라크 바그다드까지 이동하고 있었다. 그 당시의 이슬람 왕조를 압바스 왕조라고 하는데 그 왕조는 대단히 강력한 무슬림 왕조였다.

그 당시까지만 하여도 초원은 여전히 유목민들이 지배하고 있었다. 당시의 유목민들은 흉노의 시대를 지나 돌궐이라는 이름을 갖고 있었다. 흉노는 한나라의 무제에 의하여 두 갈래로 흩어지게 되었는데 한 갈래는 동쪽으로 다른 한 갈래는 서북쪽으로 흩어지면서 그들의 이동은 유럽의 민족 대이동을 촉발하게 만든다. 그들을 훈족이라 불렀는데 나중에 서로마 제국이 주후 476년에 망하게 될 때 그 원인이 되기도 하였다. 바로 그 훈족의 대장군이 아틸라라는 장군이었다. 아틸라의 유럽침공으로 인하여 유럽인들은 아시아인들에 대하여 일종의 콤플렉스를 갖게 되는데 그것을 '옐로우 콤플렉스'(Yellow Complex)라고 부른다.

유럽인들을 비롯해 백인들이 갖고 있는 아시아 몽골로이드에 대한 편견과 차별, 두려움과 공포심은 흉노의 계보를 잇는 훈족의 아틸라 장군에 의하여 만들어진 것이다.

그 즈음인 주후 313년 로마의 콘스탄티누스 황제에 의하여 공포된 밀라노 칙령으로 카타콤의 지하동굴에 있던 기독교는 지상으로 올라와 국가종교가 되었으며 다시 콘스탄티누스 황제는 330년 로마의 수도를 지금의 로마에서 터키로 옮기게 되는데 그때 동로마의 수도를 콘스탄티노플이라 했다.

기독교는 바로 그 콘스탄티노플을 중심으로 하는 아시아에서 뿌리를 내리고 있었던 것이다. 바울의 땅, 바로 지금의 터키다. 그곳이 성지인 이유는 바울의 선교지였기 때문이며 나중에는 동로마의 수도로 적어도 1000년이 넘도록 한 제국의 수도였기 때문이다. 당시 아시아에서도 가장 중요한 지역이던 에베소에서 제4차 종교회의가 열리게 되는데 그 종교회의에서 네스토리안이라는 집단이 이단으로 정죄되면서 그들이 결국 유럽이 아닌 동방의 비단길로 접어들게 된 것이며 이 또한 그 길의 역사를 기억해야 하는 이유다.

네스토리안은 네스토리우스라는 콘스탄티노플의 주교로부터 시작된 종파였다. 에베소 종교회의의 주 이슈는 예수님의 어머니인 마리아가 '인간인가? 신인가?'라는 문제였다.

당시 네스토리우스 주교는 마리아가 인간이라는 주장을 하고 있었으나 에베소 종교회의는 마리아를 인간이 아닌 신으로 규정함으로써 네스토리우스와 그를 추종하는 세력을 이단으로 정죄한 것이었다. 그들은 죽음이 아니면 도망해야 하는 운명을 지니게 되었으며 결국 그들은 비단길을 선택하게 된 것이다. 이로써 비단길을 통해 복음이 중국으로 들어오게 된 것이다. 당시 중국은 당나라였는데 지금도 그 당시 당나라의 수도였던 장안에는 경교비라는 네스토리안들의 선교를 증명하는 비가 서 있다.

당시 우리나라는 신라시대였으며 그 당시 신라의 수도인 경주에서도 네스토리안들의 흔적이 발견된 바 있다.

네스토리안교는 후에 당대를 지나 칭기즈칸의 며느리인 쿠빌라이칸의 어머니에게까지 전파되어 원나라의 수도였던 카라코룸(Karakorum)이라는 곳에 십자사라는 교회터를 남기기도 했다.

칭기즈칸은 13세기 초에 몽골제국을 세우고 세계를 지배하는 제국을 이루었다. 그 당시의 몽골제국에 바로 그 네스토리안 기독교가 전파되어 있었으니 동방에도 이미 기독교가 전파되어 있었던 것이다. 그리고 그 흔적은 한반도에까지 남아있는 것이다.

다시 몽골 초원의 주인이 돌궐이었던 때로 돌아가자. 주후 610년 모하메드에 의하여 창시된 이슬람은 급속도로 북아프리카에서 이라크의 바그다드에까지 전파되고 있었다. 초원은 돌궐이 지배하고 있었다. 중국은 당나라 시대였으며 마침 그 당나라에 고선지라는 고구려의 유민이 있었다. 당나라 조정은 고선지를 불러서 초원의 유목민들을 내쫓아 버리라고 했다.

드디어 751년 달라스라는 강가에서 큰 전쟁이 일어나게 되는데 당나라의 고선지 장군과 압바스 이슬람군의 전쟁이었다. 그렇다면 왜 하필 초원의 주인이었던 돌궐이 아닌 압바스가 대리전을 하는가? 그 이유가 오늘날의 터키가 기독교 성지에서 이슬람의 땅으로 바뀌는 첫 번째 이유다. 당시 돌궐은 약한 유목민들이었다. 그들의 입장에서 당나라와 전쟁을 한다는 것은 오늘날 미국과 몽골이 붙는 것이나 다름없는 것이었다. 당나라는 중국을 지배한 제국이며 초원의 돌궐은 작은 유목집단에 불과했던 것이다. 그러므로 돌궐의 입장에서 그 전쟁은 이미 해서는 안 되는 전쟁이었다. 그러나 문제는 당나라의 계속된 돌궐에 대한 공격이다. 결국 돌궐이 찾아간 곳이 바그다드에 머물던 압바스 무슬림 왕조다. 도와달라는 구원의 손을 내밀며 그들은 압바스의 종교였던 이슬람을 믿기로 약속한다. 그것이 오늘날 중앙아시아를 비롯하여 터키에까지 이슬람 제국이 서게 되는 역사적 배경이 된다.

그렇게 해서 달라스 강가의 그 유명한 전투가 일어나게 되었고 그 전투에서 고선지의 당나라군은 압바스의 이슬람 군에 의하여 거의 전멸하는 대참패를 당한다. 그 후로 돌궐은 약속대로 이슬람의 식구가 된다. 지금의 중앙아시아에 끝에 '탄'자가 들어가는 나라가 바로 그들의 후손인 것이다.

고선지라는 고구려의 장군이 그 당시 달라스 전쟁을 하지 않았다면, 혹시 그 전쟁에서 승리했더라면 세계종교의 역사는 달라졌음이 분명하다. 우리는 그 아이러니한 역사를 돌아보며 그렇게 우리와 엮인 이슬람을 알게 되는 것이다.

그 후 돌궐은 셀주크 투르크라는 부족국가를 출현시키게 되는데 그 투루크 민족이 성장하면서 오히려 나중에는 바그다드의 압바스 제국을 침략하여 망하게 한다. 셀주크 투르크에 이어 새로운 투르크 제국이 나타나게 되는데 그 투르크 부족 중 오스만이라는 작은 부족이 1453년 5월 지금의 터키 이스탄불인 콘스탄티노플을 점령하게 되는 것이다. 당시 그 오스만 투르크의 술탄 즉 황제는 마호메드 2세라는 21살짜리 젊은 왕이었다. 그리고 그 콘스탄티노플의 마지막 황제가 콘스탄티누스 11세였으니 그는 콘스탄티노플을 세운 콘스탄티누스와 같은 이름을 가진 황제였던 것이다.

돌궐이라는 유목민은 분명히 한반도에까지 흘러 들어온 유목민일 수도 있었다. 당시 유목민들이 가는 곳이란 동해의 마지막 해가 떠오르는 땅 즉, 지금의 터키 땅으로부터 동해의 해가 떠오르는 곳까지였다고 한다. 아나톨리아 반도는 거의 대부분 터키의 영토인데 '아나톨리아'는 해가 떠오르는 땅이라는 뜻이니 그들은 동해로부터 아나톨리아까지 해를 찾아가던 유목민들이었던 것이다. 터키 사람들이 우리나라 사람들을 유난히 좋아하는 이유가 거기에 있을지도 모르겠다. 같은 돌궐의 후예라는 유전자와 해를 찾아가는 민족이라는 동질성이 있으니 말이다.

이 외에도 터키 사람들이 우리를 좋아하게 되는 배경은 오스만 제국이 망하고 세계 제1차 대전이 끝나면서 아타튀르크라는 무스타파 케말 파샤라는 장군에 의하여 세워진 터키 공화국 이후부터이다. 아타튀르크는 당시 소련 공산주의 세력을 견제하기 위하여 이슬람 세속주의를 주창하면서 친미주의 노선을 선택하게 되는데 마침 1950년 한국전쟁이 터지게 되면서 터키군대를 한국전쟁에 파견하고 그 인연으로 우리와 가까워진 것이다. 역사적으로나 유전적으로 터키는 우리와 형제인 것이다.

터키가 서쪽 비단길의 종착점이고
우리나라가 동쪽 비단길의 종착점이다

초원길에서 비단길로 변화된 길이 1492년 콜럼버스(Columbus, Christopher)의 신대륙 발견이후 대항해의 시대를 열게 되면서 세계는 새로운 길을 만들기 시작한다. 새로운 길의 변화다. 그것은 바로 바닷길의 발견이다. 초원길을 지배하던 유목민의 시대에서 비단길을 지배하던 농업국가의 시대를 넘어 바닷길을 지배하는 자가 세계를 지배하는 세상으로 바뀌기 시작한 것이다. 일본의 아시아 침략은 그렇게 시작된다.

대륙으로 진출하지 못하던 일본이 바닷길을 통한 새로운 문화와 문명을 접하게 되고 그것이 임진왜란의 조선침략의 결과로 나타나기 시작한다. 스페인의 무적함대가 영국해군에 의하여 무참히 무너지고 네덜란드와 영국이 세계 바닷길을 지배하는 세상이 되면서 드디어 바닷길 세상이 된다. 누가 바다를 지배할 것인가? 지금까지 바닷길을 지배한 국가가 세계를 지배하였다. 스페인에서 포루투갈로, 다시 영국과 네덜란드로, 그리고 미국과 일본으로 세계의 바닷길은 빠르게 변하고 있다. 누가 이 길을 지배할 것인가?

길을 지배하는 자가 세계를 지배한다. 아니 길을 만들고 길을 지배하는 자가 성공하고 승리한다. 세계사는 길의 역사이며 그 길을 지배하기 위한 투쟁의 역사가 이 지구의 역사다. 그러므로 길을 만들며 살아야 한다. 길이 바로 하나님의 역사다.

초원길에서부터 비단길로, 다시 바닷길까지 길은 변한다. 길이 변하는 것처럼 우리도 변해야 한다. 길을 만들고 길의 지배자가 되는 날까지 우리의 길에 대한 생각과 도전은 멈출 수 없다.

이제 길의 마지막 시대가 열린다

한반도가 그 길의 종착점이고 시발점이다. 그리고 그 한반도에서도 나섬이 그 길의 출발지이다. 유목민들이 머물고 그들이 역파송의 시대를 열고 다시 통일이라는 과제를 풀어가면서 우리의 길 개척에 대한 끝없는 도전과 실험은 멈추지 않는다.

나섬은 길을 만들고 길을 지배한다. 우리는 길을 만들고 길을 차지할 것이다.

06

미션 하이웨이-시베리아편(1)

나는 왜 블라디보스토크로 가는가?

내 버킷 리스트에는 시베리아 횡단열차를 타고 시베리아의 대륙을 달리는 꿈이 있다. 1912년 완공된 시베리아 횡단열차는 블라디보스토크와 모스크바를 잇는 열차로 총 길이가 9,334km에 달하며 이는 지구 둘레의 1/4에 해당하는 거다. 세계에서 가장 긴 이 철도가 생겨난 후 새로운 도시가 만들어지고 문화적으로도 큰 변화가 일어났을 정도로 이 열차는 매우 큰 의미를 지닌다. 그래서 시베리아 횡단열차에 대한 평가는 표현을 다 할 수 없을 정도로 다양하며 그 철도로 러시아는 아시아에서 유럽까지 철의 실크로드를 잇는 거대한 제국이 되었다.

1917년 볼셰비키 혁명이 일어나기 전 이미 그들은 시베리아 횡단열차로 세계를 지배하려는 목적을 가지고 있었는지도 모른다. 그들이 혁명을 통해 그 목적을 이루진 못하였지만 러시아 혁명은 그 꿈을 다른 쪽으로 펼치는 역사의 아이러니를 만들어 내었다. 스탈린은 시베리아 횡단열차를 통하여 소련이라는 거대한 사회주의 제국을 통치하는 한편 제국의 통치에 반하는 자들은 거침없이 시베리아의 유랑지로 내몰아 제국을 만들어 가는데 이용하기도 했다. 특히 1937년 조선으로부터 이주해온 디아스포라 한민족을 시베리아 횡단열차에 태워 중앙아시아의 황량한 벌판으로 몰아내는 악행을 저지르기도 하였는데 그는 이로써 한민족을 멸절시키려 했는지도 모른다.

그 후에도 소련이라는 나라는 해방이후 북한의 사회주의를 태동하는데 일조하며 남북을 분단시키고 1950년 한국전쟁을 막후에서 조종했던 나라로서 우리는 소련을 지구상에서 가장 혐오스러운 나라로 인식하고 있었다. 그러나 그 누가 역사의 반전을 상상할 수 있었으랴. 역사는 돌고 돌아 나는 지금 그 소련, 아니 러시아로 바뀐 그 곳에서 시베리아를 달리는 횡단열차를 타고 싶어 버킷 리스트에 그 바램을 적어놓지 않았던가! 나는 과연 과거를 잊은 것인가?

아무도 역사의 반전을 이해하지 못한다. 오직 하나님만이 역사를 주관하실 뿐 인간의 머리로는 그 역사의 아이러니를 상상하거나 예측할 수 없다.

나는 지금 러시아의 블라디보스토크로 향하는 비행기를 기다리고 있다. 지금 우리가 기다리는 게이트는 인천공항에서도 가장 끝자락 게이트인 131번이다. 아마 인천공항의 탑승구 중 가장 끝인 듯하다. 러시아 항공을 타기 위해 이 끝까지 찾아오려니 다리가 아프신 우리 어머니 권사님 같은 분들은 중간 중간 쉼이 필요할 것 같다.

우리 국적기가 아니기 때문인 것은 이해하지만 나름대로 우선순위가 있고 국가마다의 힘의 크기에 따라 비행기 탑승구의 배치가 다르다는데 어찌 러시아의 자리가 맨 꼴찌인가 하는 탄식이 나온다. 비행기는 제 시간이 조금 지나 이륙했다. 작은 비행기다. 약 150명 정도 탈 수 있는 비행기에 절반 정도가 탑승했다. 탑승객이 비교적 적은 듯하다.

밤 10시가 훨씬 지나 출발한터라 모두 지치고 힘들어 하는 모습이다. 주일 예배를 마치고 오기 전까지 단 1분도 쉬지 못한 채 사람들을 만나고 하루를 보낸 나는 아직 눈을 감지 않고 버티고 있다. 피곤하지만 왠지 이대로 잠들고 싶지 않아서이다. 지금 이 시간의 느낌과 생각을 정리하지 않고서는 안되겠다는 마음이 들었다. 잠은 나중에 자도 된다. 늦은 시간이지만 이 비행기는 북한 땅을 넘어 러시아의 블라디보스토크까지 간다. 아마도 내가 이 글을 쓰고 있을 즈음이면 북한을 통과하고 있을 것이다.

비행기 창문 밖을 넘어 아래를 보고 싶지만 보이는 것도 볼 수 있는 것도 없다. 그저 깜깜한 어두움이 전부다. 내 눈도 깜깜하고 저 땅도 깜깜하다. 모든 것이 어둡고 보이지 않는 암흑이다. 그것이 우리가 살아온 역사이며 지금 한반도의 형편이다. 누구도 예측할 수 없는 불확실과 불안정이 지금의 상태다. 전세계의 화약고가 되어버린 우리 조국이 가슴 아프다. 언제나 이 반도에 밝은 빛이 드리울 수 있을까를 생각하며 기도를 한다. 어제 북한 청년들을 데리고 강원도 고성까지 다녀온 담쟁이학교 모임이 떠오른다. 그 청년들이 그리워할 북한이 내가 타고 가는 비행기 아래에 있었다. 가고 싶어도 갈 수 없는 저 폐쇄된 절망의 대지를 생각하며 나는 잠을 이룰 수 없었다.

어쩌면 지금 이 조국이 시베리아이다. 시베리아 횡단열차가 달리는 그 땅은 오히려 축복의 땅이요, 우리가 가야할 이 조국의 반쪽이 시베리아가 되어 버린 듯하다.

세계적 투자자인 짐 로저스는 당장 경계로 가라 했다. 북한과 접점이 되는 국경 도시로 가면 기회가 있다고 말한다. 그는 중국의 훈춘이 그곳이라고 했다. 훈춘이 중국의 접점이라면 아마 러시아 쪽은 블라디보스토크이다. 훈춘과 블라디보스토크는 거의 같은 지역이다. 중국과 러시아라는 차이 일뿐 북한과는 같은 경계의 도시다.

그렇다! 나는 지금 그 경계의 국경도시에 기회를 찾기 위하여 가고 있다. 기회, 은총의 기회를 찾고 싶다. 다른 사람이 가지 않는 그곳에 분명히 하나님이 숨겨놓으신 은총의 기회가 있을 것 같아 가고 싶었던 거다. 통일을 소망하고 기대하는 자들에게만 주어질 그 축복된 기회를 발견하고 싶었다. 비행기 밖은 한참이나 어둡다. 보나마나한 밖이지만 그래도 내다보려는 일행의 모습이 보였다. 이들도 나와 같은 생각을 하고 있을까?

시베리아 횡단열차와 바이칼호를 볼 수 있다는 기대가 전부였을 일행에게 나는 우리의 목적지는 블라디보스토크라고 거듭 강조하였다. 나머지는 보너스일 뿐이라고 했다. 그것은 나의 진심이기도 하다. 우리의 목적지는 블라디보스토크이다. 나머지는 블라디보스토크에 붙은 여분의 팁이다. 블라디보스토크에는 분명히 비밀이 있을 것이다. 통일의 길이 숨겨져 있을지도 모른다.

나는 그것을 찾아야 하고 그것이 내가 블라디보스토크에 가려는 이유였다. 오늘 밤은 잠이 오지 않는다. 밤이 새도록 무언가 곰곰이 생각할 것이 있다. 나는 오늘 아침 나섬에서 교인들에게 내 고민을 설교했었다. 아직은 희미하지만 이전의 선교센터를 재활용하는 것이 옳다는 느낌이 든다. 돈보다 더 중요한 가치를 만들어야 한다는 생각으로 마음이 무겁고 착잡하다.

탈북 청년들을 위한 창업지원 센터도 필요하고, 탈북 청소년들을 위해 새로운 형태의 대안학교도 만들어주고 싶다. 장애 청소년들을 위한 문화공간으로서의 학교의 역할도 하고 싶고 몽골 아이들을 비롯한 아시아의 아이들을 위한 대안학교도 생각한다. 그 정도라면 우리 센터는 훌륭하다. 그렇게 해서 새로운 꿈을 이루어내고 싶다. 가능할 것인가? 너무 힘들고 어려운 일이라 생각되지만 의미 있고 멋진 사역이 될 것도 같다.

블라디보스토크를 향하여 날아가는 비행기 안에서 나는 북한과 통일을 생각하고 나섬과 내 인생의 미래까지 꿈꾸고 있다.

07

미션 하이웨이-시베리아편(2)

시베리아 횡단열차에서

젊어서부터 그렇게나 타고 싶었던 시베리아 횡단열차를 탔다. 블라디보스토크 역에서 밤 9시에 출발하는 기차다. 모스크바까지 꼬박 일주일이 걸린다는 횡단열차는 우리가 가려는 하바로브스키까지 약 12시간이 걸린다.

밤의 시베리아는 보이지 않았지만 대륙을 달리는 기차는 그 밤의 시베리아를 염두에 두지도 않고 쉬지 않고 길을 달린다. 느낌은 한마디로 멋지다. 생각보다 쾌적한 기차는 말 그대로 내 꿈의 한 장면을 현실로 만들어주고 있다. 잠을 잔다는 것은 말도 되지 않는다. 잠을 자려고 잠시 누웠다가 다시 일어난다. 기차소리를 들으며 나는 조용히 컴퓨터를 켜고는 글을 쓰기 시작하였다. 지금 나는 시베리아 횡단열차 안에서 글을 쓰고 있다는 사실을 컴퓨터 자판에 손가락을 올려놓고 써야만 한다는 생각 때문이다. 그 자체로 나는 이미 행복하고 감격적이다.

시베리아 횡단열차 안에서 글을 쓸 수 있다는 사실만으로 충분히 행복하다. 글의 내용은 없다. 시베리아를 달리는 횡단열차 안에서라는 사실만으로 이미 글의 내용과는 상관없이 충분히 의미가 있기 때문이다. 내가 하고 싶고 타고 싶었던 시베리아 횡단열차이기 때문에 나는 지금 기차 안에서 컴퓨터를 켰다는 사실만으로 좋다. 누가 이 기분을 알까마는 상관이 없다. 느껴보지 않은 사람에게 굳이 설명할 이유도 방법도 없기 때문이다. 나는 내 느낌과 기분을 서술하고 그 기쁨을 누리면 된다.

가장 하고 싶었던 것을 실제로 경험할 수 있음은 행운이다. 나는 기분이 좋다. 다만 이것이 처음 경험하는 것이기 때문에 미리 알아두어야할 것들을 충분히 알아두어야 한다. 왜냐하면 나중에 내 아들과 손자 현이를 데리고 와야 하기 때문이다. 아내에게는 블라디보스토크 역을 자세히 살펴보라 했다. 아내는 지혜로운 여자이니 믿기는 하지만 걱정이 된다. 혹시 잊어버리지 않기를...

조금 전 블라디보스토크 역을 출발한 횡단열차는 우스리스크 역을 통과했다. 우스리스크는 우리민족 고려인 공동체의 본거지이다. 1860년부터 이주를 시작한 고려인 한민족 공동체의 뿌리가 있는 곳이다. 1937년 스탈린의 고려인 강제이주 당시 20만 명이 살고 있었다는 고려인의 집단 거주지였다. 그러나 거의 모든 고려인이 중앙아시아로 강제이주를 당하였기에 남은 고려인은 일만 명에 불과했다 한다.

헤이그 밀사 중 한분인 이상설 열사의 슬픈 이야기도 그곳에 있다. 발해의 성터 또한 우스리스크에 있었으니 그곳은 한민족 공동체의 영혼의 뿌리가 있던 곳이 아니었을까?

그래서 우리 선조들은 그곳으로 이주를 했고 갈 곳 없던 이상설 선생이 마지막으로 찾았던 곳이 그곳이었으며, 고려인의 뿌리가 숨겨진 비밀을 알아챈 스탈린이 강제 이주를 명령하게 된 것은 아니었을까?

기구한 한민족의 역사를 고스란히 간직한 우스리스크 역에서 잠시 머물던 횡단열차는 다시 황량한 시베리아를 향하여 출발을 한다. 흔들리는 기차 안에서 자판을 기억하고 글을 쓴다는 것이 쉽지는 않지만 그럼에도 내 마음은 쉬지 않고 달리는 기차처럼 샘솟는 그 무언가의 의지가 있었다. 살고 싶다는 의미를 알아낸 사람처럼 내 영혼의 열정이 흥분으로 충만해진다. 시베리아의 분노와 좌절을 알았기 때문일까? 아니면 고난의 한이 서린 땅의 아픔을 느껴서일까?

현재 연해주에는 3만 명의 북한 노동자들이 살고 있다한다. 우리 나라에 들어온 탈북자의 수가 3만 명이라는 사실과 비교되는 숫자다. 블라디보스토크 역을 출발하기 직전 우리는 북한 식당 '금강산'에서 저녁을 먹었다. 생태찌개와 냉면이다. 감자전과 녹두전이 나왔다. 김치맛이 좋다. 북한 여종업원들이 노래와 춤을 추며 흥을 돋군다. 그런데 왠지 눈물이 났다. 내가 울보라서 그런 것일까? 나중에 고미선 목사도 눈물이 났다 한다. 흥겹자고 부르는 노래지만 슬픈 현실을 잊게 하지는 못한다. 결국 우리는 그런 감성주의자에 불과하지만 그럼에도 눈물의 의미는 감성 이상의 이상한 아픔이다.

나는 내일 아침까지 잠을 자지 않고 이렇게 글을 쓸 수 있을까 생각한다. 이 기차를 내일 아침에 내려야 한다는 사실이 섭섭하다. 다음에는 반드시 3일쯤 기차를 타고 싶다. 아마 이르쿠츠크(Irkutsk)까지 갈 계획을 잡고 와야 한다. 반드시 그렇게 하리라고 다짐을 한다. 동해에서 크루즈를 타고 블라디보스토크 항까지, 다시 그 항구에서 곧장 시베리아 횡단열차로 갈아타고 시베리아를 달린 후 바이칼로 들어갈 것이다.

물론 의기투합하고 철학이 맞는 좋은 친구들, 아니면 선교를 논하되 편협하지 않은 열린 친구들과, 크루즈와 시베리아 횡단열차를 타고 바이칼호로 들어가 며칠쯤 책을 읽고 글을 쓰면서 고요한 바이칼의 호숫가를 거닐면 나는 21세기 월든의 헨리 데이비드 소로 (Henry David Thoreau)가 될 것이다.

시베리아 횡단열차 안에서는 요란스러운 토론도 좋고 멋진 노래도 좋다. 컵라면 한 그릇에도 배가 부르고 겸하여 보드카 한잔이거나 값싼 와인도 탓하지 않겠다. 누가 그 시베리아 횡단열차의 멋스러움과 낭만을 이해할 것인가?

갑자기 아버지 장로님이 살아계셨다면 하는 생각이 들어 잠시 창문 밖을 내다본다. 그분이 그립다. 그러나 어머니를 모시고 온 것이 잘한 것 같아 기분이 좋다. 어머니가 건강하셔서 이렇게 나와 시베리아 횡단열차를 탈 수 있어 감사하다. 어머니는 나와 비슷하게 낭만이 있는 분이다. 나중에는 꼭 영규 내외와 현이를 데리고 와야겠다. 아내는 나처럼 잠을 잘 수 없는가보다. 아내는 참 예쁜 여자다. 오랫동안 이런 여행을 시켜주고 싶다. 아내의 삶에도 행복한 날이 있어야 한다. 그만큼 고생한 여자도 드물다.

이름을 알 수 없는 역을 잠시 머물다 기차는 다시 출발을 한다. 흔들거린다. 이태옥 전도사의 코고는 소리가 들려온다. 피곤한 모양이다. 무척 재미있는 분이다. 섬김의 은사와 분위기를 잘 맞추는 달란트를 가진 분이니 여행의 동행자로 제격이다.

이렇게 삼일쯤 같은 방에서 잠을 자고 라면을 먹으며 책을 읽고 토론을 하다가 시간이 나면 글을 쓰고 피곤하면 잠을 자는 이런 미션 하이웨이는 최고의 힐링 여행이다.

더 많이 자주 나와야 한다. 이런 여행을 개척하고 많은 이들에게 동행을 권해야 한다. 나중에는 시베리아 횡단열차를 타고 모스크바를 지나 터키 이스탄불 호잣트 집까지 가야지 하는 생각으로 혼자 웃는다. 그렇게 살고 싶었던 삶이었으니 나는 반드시 그날을 살아 낼 것이리라.

08

미션 하이웨이-시베리아편(3)

이르쿠츠크(Irkutsk) 바이칼호수에서

인간이 태어나 꼭 한번은 가보아야 한다는 곳, 바이칼의 올혼 섬 (Olkhon Island)이다. 지금은 저녁 해가 지고 있다. 숙소에 도착하여 바이칼 호수를 트래킹하고 부르한 바위와 샤만의 축제가 열리는 서낭당까지 돌아보았으니 발바닥이 여간 아픈 것이 아니다. 발바닥에 물집이 잡힐 정도로 힘이 들었지만 역사의 현장을 돌아보았다는 뿌듯함을 이길 수는 없다.

이르쿠츠크에 도착한 것은 어젯밤 늦은 시간이었다. 하바로브스키에서 밤 10시 비행기를 타고 장장 세 시간 반을 국내선 비행기로 이동하여 도착한 곳이 이르쿠츠크다. 하버에서는 바람이 불고 비가 와서 우리가 예정했던 곳을 다 돌아볼 수는 없었다. 특히 아쉬운 것은 중국 쪽에서 흐르는 흑룡강이 러시아로 흘러와 만든 아무르 강을 유람할 수 없었던 거다. 예정대로라면 우리는 아무르 강을 타고 강을 가로지르는 일정이 있었지만 바람이 불고 비가 오는 바람에 배가 뜰 수 없었다.

바다같이 큰 아무르 강은 '우리 물'이라는 의미처럼 우리 역사와 밀접한 관계가 있다고 한다. 하바로브스키에서도 곳곳에서 김정은의 배지를 달고 돌아다니는 북조선 사람들을 볼 수 있었다. 하바로브스키 역에서부터 박물관에 이르기까지 우리가 가는 곳곳에서 북한 사람들이 목격되었다. 시베리아 벌목공들이 많이 일하고 있다는 말이 실감되었다. 이렇게 가까운 곳에서 북한의 김정은 배지를 달고 활보하는 사람들이 많다는 사실이 여간 신기한 것이 아니었다. 우리는 뜻밖에 하버에서 오래전 우리 공동체에서 사역했던 최성진 목사를 만나기도 했으니 세상이 얼마나 좁은가?

늦은 시간 하바로브스키 비행장에서 국내선을 타고 도착한 곳이 이르쿠츠크다. 바이칼의 도시답게 그곳은 바이칼로 먹고사는 사람들이 많다 한다. 처음 공항에 마중 나온 사람은 한안드레 선교사다. 나는 그가 고려인인줄 알았다. 말도 고려인처럼 어눌한 듯하여 당연히 고려인이라고 생각한 것이다. 그러나 나중에 알고 보니 그는 선교사란다.

다음날 아침을 먹고 우리 일행은 바이칼로 향했다. 대여섯 시간을 달려가는 작은 미니 버스 안에서 김미자 권사님의 끼는 멈추지 않고 발산되었다. 모두들 자지러지게 웃고 거의 뒤집혀지는 상황까지 갈 정도로 모두가 흥겹고 즐거운 여정이다. 잠시 쉬기 위해 멈춘 시베리아의 초원 위에서 누군가 지금 이 순간으로 충분히 행복하다며 감탄을 한다. 행복한 모습들이다.

언제부터인지 나는 나와 함께 하는 자들의 감격과 행복이 곧 나의 감격과 행복으로 전달되기 시작했다. 내가 보고 느끼는 것 대신 그들이 행복해 하는 모습이 나의 행복으로 이어지는 것이다. 나는 누군가를 통하여 세상을 보고 아름다움을 느낀다. 그들이 바라보고 느끼는 것으로 나는 내 삶을 간접적으로나마 경험한다. 내 경험은 나의 경험이 아니라 누군가의 경험과 감동으로부터 다가오고 있음을 알았다. 그로부터 나는 누군가의 반응에 집착하기 시작했다.

누군가의 반응이 곧바로 나의 반응이 된다. 나는 직접적인 체험이 아니라 간접적인 체험자가 되었다. 아내의 반응에서부터 작은 아이의 감탄하는 소리까지 누군가의 반응에 민감해진 이유다. 내 것은 곧 누군가의 것에서부터 만들어진 것이다. 아니 그들의 기분과 느낌으로부터 내 삶은 경험된다. 나는 없다. 나는 이미 세상에 존재하지 않는다. 오직 누군가의 생각과 느낌만이 있을 뿐.

그래서 나는 슬프다. 내 존재에 대한 확인은 나로부터가 아닌 것 같아 나는 아프다. 무엇이 보이느냐고 아내에게 물어가며 내 마음으로 그림을 그려본다. 초원이 보인다면 초원에서 먹이를 찾아다니는 소떼를 생각하고 끝없이 펼쳐진 지평선을 상상한다. 자작나무가 가득한 숲길이라고 하면 나는 온통 자작나무로 가득한 깊은 숲속을 거니는 사슴을 본다. 그리고 혹시 자작나무 숲속에서 호랑이가 나오지는 않을까를 생각한다. 하바로브스키 박물관에서 보았던 호랑이 박재를 생각하며 시베리아 호랑이를 마음에 그려본다. 어릴 적 읽었던 백호라는 시베리아 호랑이에 대한 책을 기억하며 나는 자작나무 숲속을 깊이 들어가는 상상을 해보기도 한다.

드디어 바이칼호수다. 사람들로 북적거릴 것 같았던 바이칼은 평범하고 오히려 소박하다. 찾아온 이들이 그리 많지 않아서인지 조용한 호수 그대로다. 세계 담수호의 1/5를 차지한다는 거대한 호수다. 남한의 80%가량의 크기라니 가히 호수가 아니라 바다라는 느낌이다.

올혼 섬까지 가는 배를 기다리며 우리는 바이칼이 한눈에 보이는 언덕까지 올랐다. 들꽃을 좋아하는 아내는 들꽃으로 가득한 바이칼의 언덕배기를 오르며 연신 감탄이다. 어떤 꽃이기에 그렇게 아내의 관심을 받고 있을까 궁금하다. 할미꽃이랑 에델바이스 같은 것이라 했다. 민들레가 지천으로 깔려있다고 했다. 이름도 모르는 바이칼의 야생화는 그대로 아내의 마음처럼 느껴진다.

아내는 야생화를 닮은 여자다. 들꽃처럼 강하고 그러나 요란스럽지 않은 그대로의 들꽃처럼 살아가는 아내는 바이칼의 들꽃이다. 화려하지는 않지만 나름의 향기를 풍기는 아내의 진면목을 이제야 새삼 느끼는 나이가 되었다. 우리 일행들은 한결같이 아내를 천사, 아니 날개 없는 천사라 했다. 온실속의 화려한 꽃들하고는 비교도 되지 않는 아내는 바이칼 언덕의 야생화라 부르고 싶을 만큼 예쁘고 사랑스럽다.

내가 꼭 하고 싶은 것들 중 하나가 시베리아 횡단열차를 타고 시베리아 바이칼호수를 찾는 것이다. 박범신 작가의 어떤 소설에서 바이칼 호수 통나무집에서 죽어가는 한 여자의 마지막을 그린 이야기를 읽어본 적이 있다. 물론 오래전 읽었던 '한민족의 뿌리를 찾아서'라는 책도 있다. 몽골의 홉스굴 호수를 여러 번 찾아간 것도 홉스굴 호수가 러시아 바이칼의 상류였기 때문이다. 바이칼은 내 영혼의 고향 같은 느낌이 있는 호수다. 마치 내 고향집을 찾아가는 어느 오래전 집 떠난 나그네처럼 나는 설렘으로 바이칼을 찾았다. 다른 이들도 그런지는 묻지 않았지만 나에게 바이칼은 우리 민족의 발원지이기 때문이 아니라 내 영혼의 본향처럼 느껴졌기 때문이다. 그곳은 시베리아 샤머니즘의 발원지이며 세계 샤먼들의 축제가 열리는 곳이다. 샤머니즘이 무엇인가? 무당의 소굴이다. 무당의 혼이 가득한 땅이다. 하늘과 땅의 합일이 있는 곳이다. 그 옛날 사람들이 하나님을 알지 못했던 시절, 그 하나님의 음성을 들려주던 무당들의 접신이 느껴지는 영적인 곳이다. 우상숭배가 아닌 가장 인간적인 그러나 가장 신적인 땅이 바이칼 올혼 섬이다.

나는 올혼 섬을 동경했다. 그곳이 영혼의 고향 즉 본향 같은 느낌으로 다가온 것은 내가 신대원 졸업을 하면서 썼던 졸업논문과 관계가 있는 곳이기 때문이기도 하다. 나아가 역사공부를 시작하고 선교적 문제까지 고민하고 가장 근접해 찾아야 할 곳이 바로 바이칼이라는 사실을 알고부터이다.

바이칼은 역사와 철학, 선교적 답안지를 몽땅 소유한 공간이다. 그곳은 영혼의 문제에서부터 인간적인 고통까지를 온몸으로 간직한 공간이다. 시베리아의 추위와 바이칼의 존재는 떼어놓을 수 없는 관계가 있다. 나아가 이제는 우리의 개인적 실존과 영혼, 그리고 통일이라는 역사적 관계까지 얽히고설킨 정신문화의 땅이다.

나는 대학시절 읽은 니콜라이 베르자예프의 '거대한 그물'을 지금도 기억한다. 그는 내게 기독교 사회주의를 가르쳐 주었으며 정신문화를 위한 자유 아카데미라는 결코 잊을 수 없는 화두를 던져 준 사람이다. 실존주의 철학자이며 신학자였던 베르자예프는 코펜하

겐의 키에르케고르와 함께 가장 중요한 철학적이며 신학적인 훈련을 내게 시켜준 사람이다.

나는 지금 늦은 시간이지만 잠을 잘 수가 없다. 여기가 올혼 섬이기 때문이다. 바이칼의 올혼 섬에서 어찌 잠을 잘 수 있는가? 아내는 잠을 잔다. 사람들은 올혼 섬을 알지 못한다. 바이칼도 모르는 이들에게 어찌 올혼까지 가르칠 여유가 있는가? 아는 이들은 안다. 모르는 이들은 모른다.

아는 것은 고통이다. 알기 때문에 잠을 이룰 수 없다. 모르면 잠을 잔다. 알면 잠을 이룰 수 없다. 하늘에서는 별이 빛난다. 별은 모든 이들에게 개방되어 있지만 또한 그 별은 보이는 이들에게만 별이다.

올혼 섬은 분명히 우리 민족을 비롯한 몽골로이드의 본향이다. 여기서 몽골의 핏줄은 시작되었다. 칭기즈칸은 물론이고 여기서 한민족이 시작되었다. 하늘을 보며 시작한 부르한 바위의 '부르한'은 몽골말이다. 그 위는 홉스굴 호수다. 몽골에서 시작하여 시베리아 바이칼까지 흐르는 그 호수의 의미는 바이칼에서 한 점을 찍는다. 여기서 우리와 똑같은 문화와 인류가 시작되었다 한다. 한 부류는 상류인 홉스굴을 지나 몽골 초원에서 한민족으로 반도까지, 또 한 부류는 알타이 산맥을 넘어 중앙아시아와 중동의 수메르 민족으로 이어졌다 했다. 누가 그 주장을 했던지 나는 그것에 의미의 한 표를 던지고 싶다.

분명한 사실은 여기 바이칼이 발원지이자 시작이다. 바이칼이 의미하는 존재의 힘은 원초이며 원산이라는 것이다. 바이칼은 최고가아니라 최초를 말한다. 바이칼은 높이 올라가는 삶이 아니라 시작이되라고 가르치는 삶이다. 그래서 나는 바이칼을 오고 싶었던 거다. 바이칼을 가는 것이 나다움을 실현하는 것이라고 생각한 것이다. 그런 바이칼이다. 나는 지금 바이칼 올혼 섬에서 이 글을 쓴다. 다 잠을 자는 늦은 시간에도 나는 잠이 오지 않는다. 잠이 오지 않는 이밤에 올혼 섬에서 나는 지금 눈이 보이지 않으면서도 눈을 감고 이글을 쓴다. 자꾸 돌아가신 아버지 장로님이 떠오른다.

눈이 보이지 않으면서도 눈을 더 깊이 감는다. 눈을 깊이 감을 수없을 때까지 더 깊이 아니 더 세게 감는다. 불을 끄고 눈을 감고 불빛이 더 새어 나오지 못하도록 강하게 눈을 감아버리고는 자판 위의 손가락만을 남겨놓고 다 벗어버린다.

오늘밤은 하늘로 올라가는 연기처럼 내 존재까지 벗어버리고 샤먼이 황홀해서 춤을 추는 것처럼 나도 흐느적거리며 영혼의 춤을춘다.

09

미션 하이웨이-시베리아편(4)

바이칼에서의 하루

6월 1일 아침, 일행 중 몇몇 분들이 새벽 바이칼의 해돋이를 보았다고 흥분하며 이야기하고 있다. 눈도 보이지 않는 나는 만나는 사람들마다 해 돋는 모습을 보았느냐고 묻는다. 새벽 4시쯤 아내는 화장실로 가는 나를 따라 나오다 창문의 커텐 뒤에서 벌겋게 올라오는 새벽 올혼 섬의 해돋이를 보고는 아름답다며 감탄하였다. 그러나 화장실에서 돌아온 나는 침대 위에서 꼼짝하지 않고 그러냐며 시큰둥하게 답하는 것이 전부다.

조금 있다가 누군가 바쁘게 밖으로 나가는 소리가 들린다. 통나무

집이라 위층에서부터 내려오는 소리가 여간 큰 것이 아니다. 한 사람인가 싶더니 아니다. 여러 명의 발자국 소리가 들려오는 것이 바이칼의 그 아름다운 해돋이를 보려는 사람들의 발자국 소리인 듯하다. 윤 권사님의 해돋이 사진이 제대로 찍혔다며 아내가 감탄을 한다. 나는 마음으로 해돋는 바이칼을 보았다.

2000년도에 나는 아내와 두 아들 영규와 영길이를 데리고 고비사막을 간 적이 있다. 그 당시만 해도 나는 시력이 조금 남아 있었던 터라 지금도 생생하게 고비의 일출과 일몰을 기억한다. 고비사막에서의 일출과 일몰은 장관이었다. 멀리서 해지는 모습을 보며 나는 인생의 황혼을 생각하며 눈물을 흘렸다. 아침 일찍 떠오르는 일출을 바라보며 느꼈던 거대한 창조의 위엄을 지금도 잊을 수가 없다. 이번 바이칼의 일출도 그랬을 거다. 바이칼 호수와 몽골의 홉스굴 호수는 상류와 하류로 닿아 있으니 바이칼의 일출이나 홉스굴의 일출은 동일할 것이다. 그러나 누가 바이칼의 일출을 홉스굴과 같다고 주장하면 바이칼이 기분나빠할 것도 같은 것이 그 깊이와 넓이의 무게가 다르기 때문이다. 바이칼은 바이칼, 홉스굴은 홉스굴이다.

여행자 중 운이 좋은 사람은 해를 본다. 잠을 자도 해 돋는 시간에는 꼭 잠을 깨서 해 돋는 일출을 본다. 운이 없는 사람은 밤새 잠을 자지 않고 기다려도 아침 날씨가 흐리면 보고 싶어도 볼 수가 없다. 그러므로 해는 보는 것이 아니라 보여지는 것일 지도 모른다.

아침 식사를 마치고 푸르공 지프차를 타고 바이칼을 트래킹하기로 했다. 해돋이까지는 그런대로 괜찮았던 날씨가 흐려지더니 비가 내리기 시작했으므로 비옷을 입고 푸르공에 올랐다. 우리는 오후 4시까지 바이칼의 올혼 섬 곳곳을 트래킹하기로 했다. 바람이 불고 비가 내리던가 싶더니 조금은 잠잠해진다. 비포장 도로였지만 비가 오니 먼지는 없다. 이렇게 살짝 비가 내리면 더 좋다. 과연 어떤 날씨가 좋은 것인가를 묻는다면 모든 날씨가 좋은 것이라고 설교한 적이 있었다. 맑은 날에서부터 흐려 비가 내리는 날씨까지 하늘에서 주신 것이라고 믿는다면 그 모든 것이 은총이다.

얼마가지 않아 모두가 탄성 연발이다. 세상에 이런 아름다운 꽃들의 동산이 이곳에 있었다니! 진달래가 가득한 동산이다. 할미꽃이랑 이름도 모르는 야생화도 가득하다. 어떻게 표현할 수 없을 정도로 아름답다. 달리던 차를 세우고 우리는 모두 차에서 내린다. 누가 먼저랄 것도 없이 주 하나님 지으신 위대한 창조를 찬양한다. 올혼 섬에 찬양이 울려 퍼진다.

천지창조의 그 원형이 이런 것이 아닐까 하는 생각이 들 정도로 아름답고 환상적이다. 살짝 가랑비가 내리고 안개는 보일까 말까 하는 정도로 덮혀 있으며 온통 야생의 향기로 가득한 올혼 섬의 이 모습은 글로 다 설명할 수 없을 정도로 신비롭다. 아내는 또한 야생화의 여인답게 찬찬히 야생화의 탐색에 몰입한다. 그 모습을 누군가 사진에 담았다. 아름다운 사모님이라며 칭찬이다. 아내는 부끄러워 한다. 나는 기분이 좋다. 야생화와 아내는 닮은꼴이라서 좋고 그런 아내를 사랑하고 칭찬해주니 그런대로 행복하다. 올혼 섬의 야생화 단지는 곳곳에 있었다. 솔제니친의 포로기를 낳았던 오래전 시베리아 올혼 섬의 포로수용소를 보았다. 한번 들어오면 죽는 날까지 탈출할 수 없었던 그 지독히도 고통스러웠을 수용소다. 그러나 지금은 관광객들의 일정에 불과한 역사의 흔적이다. 역사는 흐르고 반복되지만 이런 역사는 반복되어서는 안 될 일이다.

밖에는 바람이 불지만 우리는 아늑한 쉼터에서 점심을 먹는다. 간단하게 준비한 도시락이지만 모두가 웃으며 감사하게 먹는다. 그리고 이제는 다시 숙소로 돌아간다. 돌아가는 길목에서 우리 일행은 차에서 내려 걷기로 했다. 나는 지금 이 글을 이르쿠츠크의 호텔에서 쓰고 있지만 몇 시간 전의 올혼 섬, 그 피톤치드가 가득한 숲속 길을 잊을 수 없다. 냄새가 달았다. 우권사님은 우리는 지금 꽃 속을 달린다고 했고 겹겹이 끼어 입은 옷을 보니 시베리아 노숙자 같다고도 했다. 올혼 섬의 숲길은 낙엽이 쌓여 만들어진 양탄자 같았고 그 느낌은 에덴의 동산을 거니는 아담과 하와 같았다.

여기저기서 사진을 찍고 웃음소리가 충만하여 서로에게 얼마나 좋은가를 연발하는 감격의 순간이다. 결코 잊을 수 없는 아름다움

121

과 그 신비함의 충만이 전부다.

나는 아내의 손을 잡고 걷는 이 순간이
영원하기를 기도했다

걷다가 꽃동산이 보이면 아내는 사진을 찍고 그 아름다움에 감탄을 한다. 육체의 눈으로 보이는 것과 마음의 눈으로 보는 것 중 어느 것이 더 진리에 가까울까? 보는 것과 볼 수 없음이 과연 얼마나 차이가 있을까?

진리를 본다는 것이 과연 맞는 표현일까를 생각했다. 나는 볼 수 없지만 그 볼 수 없음 대신에 더 큰 느낌으로 아름다움을 본다. 마음으로 상상하고 머리로 그림을 그리며 바이칼의 올혼을 기억할 것이다. 내가 기억할 올혼과 눈으로 보고 떠나는 이들의 기억 중 어느 것이 진실에 가까울까? 아니 누구의 기억이 더 오래갈 수 있을까? 나는 바이칼을 볼 수 없지만 내 가슴에는 아주 오랫동안 바이칼을 추억할 것이다.

올혼 섬에서 잊을 수 없는 사건이 일어났다. 고목사가 사고를 친 것이다. 우리 일행은 십여 분 정도를 걷다가 뒤에서 따라오는 지프

차에 다시 올라탔다. 우리 차에는 김장로님과 정집사님이 타고 있었다. 우리 모두 차에 오르자 이미 차에 타고 있던 두 분의 행동이 이상했다. 혹시 우리 중 여권을 잃어버린 사람이 있다면 어떤 일이 일어나는 것이냐며 생뚱맞은 물음을 던진다.

그러더니 놀라운 일이라며 여권과 지갑이 든 작은 가방 하나를 슬며시 보여주신다. 알고 보니 우리 일행이 차에서 내려 산길로 트래킹을 떠난 이후 뒤에서 천천히 따라오던 지프차 기사가 길섶에 떨어진 작은 물건 하나를 발견하고는 차를 세워 집어 온 것이다. 그 안에는 고목사의 여권을 비롯하여 지갑과 중요한 몇 가지가 들어 있는 것이 아닌가. 큰 일 날 뻔한 사건이다. 만약 그 기사가 그 작은 가방을 발견하지 못했다면, 발견하고도 우리에게 넘겨주지 않았다면 고목사는 지금 올혼 섬에서 선교사로 인생을 마감해야 했을 지도 모른다.

바이칼을 떠나기 직전 자신이 여권을 잃어버린 것을 깨달은 고목사는 얼굴이 하얗게 질려 거의 제정신이 아니었다. 더 이상 말이 필요 없는 상황이 연출되고 우리는 고목사를 놀리는 장난을 치며 얼마나 웃었던지... 돌아오는 날 고목사는 자신의 잘못에 대하여 크게 미안해하며 우리일행 모두에게 초콜릿을 사서 나누어 주기도 했다.

나는 지금 이 글을 필리핀 행복학교 한국어 교실에서 쓰고 있는데 어젯밤 우리 몽골학교 교사 수련회를 이곳으로 왔기 때문이다. 바이칼에서 다 쓰지 못한 글을 마무리하기 위하여 이곳에 컴퓨터를 켜고는 그 때를 생각한다. 갑자기 가슴이 벅차오르는 그 올혼 섬의 아침 공기와 향기를 반추한다. 시베리아에서 이곳 필리핀 아누나스 행복학교까지 그 진한 여운이 떠나지 않고 따라왔는가 보다.

얼마나 행복한 순간이며 벅찬 감격으로 돌아보았던 시베리아였던가? 아버지를 떠올렸다. 아버지 장로님이 계셨다면 참 좋았을 시베리아 여행이었다. 나는 다시 그곳으로 갈 것이다. 이번에는 더 짜임새 있는 스케줄과 마음에 꼭 동행하고픈 이들을 데리고 다시 시베리아 횡단열차를 타고 바이칼의 올혼 섬에 가고 싶다.

그래서 그 아름다운 환상의 섬 올혼의 야생화 꽃밭에서 그 감격을 다시 한 번 누려볼 것이다. 너무 환상적이며 몽환적이었던 그날, 비가 내리고 안개가 살짝 덮힌 올혼의 신비를 더 깊이 느껴볼 것이다. 하늘과 땅이 하나가 되는 태고의 향기와 모습을 그대로 갖고 있는 바이칼을 기억하며 나는 다시 그날을 준비할 것이다. 아들과 손자와 사랑하는 이들을 데리고 올혼 섬의 그 깊은 산길을 다시 걷고 싶다.

통일 선교의 거점으로 가라

  통일은 도적같이 온다. 1990년 독일 통일의 과정에서도 당시 서독의 에른스트 슈뢰더 총리조차 통일을 예견하지 못했다고 하니 과연 통일은 갑작스럽게 찾아 올 수 있다. 그만큼 예측불허의 상황이 올 수 있음을 알아야 하는 것이다. 분명한 사실은 통일은 반드시 온다는 것이다. 그것은 선택이 아닌 필수이며 하나님의 뜻이라는 것을 확신한다. 반드시 통일의 날이 온다는 것을 믿는다면 지금 통일을 준비하는 공동체로 나아가는 것은 지극히 당연한 것이다. 그럼에도 우리는 얼마나 어리석으며 게으른 종들인가!

  나섬의 통일선교는 베이스캠프를 준비하는 것으로부터 시작한다. 베이스캠프는 거점을 만드는 것이다. 거점은 포석을 깔아두는 것이다. 미리 미래의 거점을 예측하고 포석을 깔아둠으로 결정적 순간에 거점에서 스스로 일하게 하는 것이다. 고수들의 포석을 하수가 알 수 없음은 안타까운 일이다.

나섬은 몽골과 러시아의 블라디보스토크 그리고 캄보디아에 통일의 거점을 세우려 한다. 왜냐하면 그 곳이 통일의 거점으로 가장 안성맞춤의 지역들이기 때문이다. 짐 로저스라는 세계적인 투자자는 이미 한반도 통일을 예견하고 북한의 모든 국채를 매집한다고 한다. 뿐만 아니라 그는 지금 가장 빠르게 통일의 거점을 찾아 그곳에 투자하라고 한다. 물론 그가 바라보는 곳과 내가 생각하는 곳이 반드시 일치하지는 않는다. 그러나 분명한 것은 미래를 미리 준비하고 그곳에 먼저 거점을 만든다는 측면에서는 종이 한 장의 차이일 뿐이다.

블라디보스토크는 일제 강점기 이후 한반도 해방과 분단의 시대에 가장 중요한 공간이었다. 일제강점기의 독립운동과 한반도에서 이주한 고려인들의 이주 공간이다. 1937년 소련의 스탈린에 의하여 수많은 고려인들이 중앙아시아로 강제 이주하기 이전까지 블라디보스토크는 우리 민족사의 한과 대안의 공간이었던 것이다. 잠시 고향을 떠나 이주하여 해방의 날을 기다리던 집 떠난 디아스포라 한민족 공동체가 머물던 땅이다. 안중근을 비롯한 독립 운동가들이 그 땅에서 해방과 독립의 의지를 품었던 곳이기도 하다. 해방의 날을 바라던 지식인들에게는 러시아혁명을 바라보며 혹시 공산주의가 그 대안일수도 있다는 기대를 품게 하던 곳이며 그럼으로 우리에게는 애환의 비극을 싹트게 한 곳이다.

마치 광야의 삶이 길어지면서 시내산 아래에서 금송아지를 만들어 놓고 그 금송아지를 하나님이라며 춤추게 하던 그 우상의 현장을 생각나게 하는 곳이 블라디보스토크이다. 오지 않는 해방과 광야의 비루한 삶이 교차하는 그 유혹과 우상의 현장 그러나 결국 죽음으로 죄악을 씻고 그 땅을 떠날 수밖에 없었던 비극의 현장이 그곳이다.

지금 우리는 다시 블라디보스토크를 주목한다. 통일의 날에 준비된 자들의 귀환이 그곳으로부터 시작될 것이라는 믿음으로 그곳에 거점을 세우려는 것이다. 누가 그 믿음을 보았으랴? 믿음은 볼 수 없는 것을 보며 꿈꿀 수 없는 것을 꿈꾸게 하는 힘이다. 미래는 가보지 않았고 통일은 아직 오지 않았으니 통일은 믿음의 고백이다. 그 고백의 현실을 믿는 자에게는 그 공간도 현실로 만들어 내야 한다. 우리는 그 믿음으로 블라디보스토크를 바라보려는 것이다. 꿈꾸는 요셉의 마음으로 블라디보스토크를 품에 담으려 한다.

마침 그곳은 분노와 열정의 땅, 그러나 영혼과 순수의 땅 시베리아의 끝자락이다. 그곳 시베리아에서 도스토예프스키는 무슨 생각으로 죄와 벌을 써내려갔을까? 시베리아 횡단열차를 타고 떠나던 고려인 강제이주의 역사는 아직 끝나지 않았다.

"다시 돌아오렴!"

　기다리며 외치는 시베리아의 숨 가쁜 외침이 들려온다. 나는 그 소리를 들었고 그 소리는 하늘에서부터 내려온 부르심이었다. 짐 로저스도 보았던 통일이 왜 한반도의 교회와 교인들에게는 들려오지 않는 걸까? 자본주의 투자가도 보았던 그 통일의 날을 왜 통일의 당사자들인 우리는 듣고 보지 못하는가!

3부

길을 예비하는 자

나섬의 미래 선교는 이렇게 간다

햇빛발전소와 몽골학교 장학재단, 역파송 선교의 지속가능한 후원과 지원, 나아가 탈북청년들의 창업을 지원하는 담쟁이 아카데미, 신재생 에너지를 활용한 환경선교의 모델, 몽골을 비롯한 통일 평화캠프 사역의 출발, 통일과정에서의 4차 산업혁명을 통한 북한 개발모델의 실험이라는 큰 틀을 품고 우리는 다시 새로운 미래를 도전한다.

뿐만 아니라 '길 위의 선교사들'이라는 새로운 선교 공동체를 창립하면서 미래 선교는 자비량 선교여야 한다는 기존의 선교 모델을 뛰어넘는 혁신적 선교를 꿈꾸며 더욱 강하게 고민하고 있다. 미래선교의 큰 틀을 생각하면서 나섬과 몽골학교, 나아가 담쟁이 학교와 통일 평화캠프, 길 위의 선교사들과 비즈니스 선교에 이르기까지 나는 지금 깊고 넓은 의미의 선교를 생각 중이다.

과연 가능할 것인가? 누구도 도전해 보지 않은 미래선교의 큰 틀을 준비 중이다. 성령님의 도우심과 지혜가 필요하고 넓은 가슴과 생각하는 힘이 없이는 이룰 수 없는 큰 비전이다. 그러나 도전하고 싶다. 그래서 꼭 이루고 싶다.

나섬과 몽골학교의 모든 사역은 하나의 거대한 틀 안에서 지속가능하게 만들어야 한다. 그러기 위해서는 반드시 경제적 자립 즉 자생력 있는 선교가 되어야 한다는 가장 본질적인 전제가 있다. 경제적 자립이 가능하지 않은 선교는 의미가 없다. 몽골학교를 비롯하여 나섬의 모든 사역은 재정적 자립을 이루어야 가능한 선교 콘텐츠다. 역파송과 미션 하이웨이와 탈북청년을 위한 담쟁이 사역과 통일 평화캠프 사역 등 나섬의 사역은 경제적으로 자생력이 있는 가에서부터 시작된다. 누군가의 도움 없이는 한발자국도 앞으로 나갈 수 없다면 우리의 모든 사역은 말 그대로 헛된 꿈에 불과하다.

하나님 나라는 구체적으로 지어져야 한다. 하나님 나라의 모델을 만들겠다면 그 안에는 경제적 자립과 같은 본질적인 고민이 녹아 있어야 한다. 판가즈와 호잣트 선교사의 역파송 선교를 만들어 가고, 나아가 그리스 난민 사역과 같은 새로운 선교 프로그램을 하면서, 이 길을 걷고 싶고 또한 걸어야 하는 수많은 후배와 동역자들을 위해서, 나는 새로운 선교적 길을 개척하지 않을 수 없다. 갈 길을 찾지 못하여 방황하는 수많은 동역자들과 길 위의 사람들을 위하여 우리는 새로운 선교적 길을 개척하여야 한다. 더 이상 레드 오션이 되어버린 기존의 틀 안에서는 희망이 없기 때문이다. 나는 여전히 미지의 영역이 남아 있다고 믿으며 그 기회는 도전하고 창조하는 자에게만 주어지는 은총이라 믿는다.

그래서 먼저 몽골학교 인근, 특히 서울시 안에 햇빛발전소를 세워 몽골학교 장학재단과 역파송 선교의 지속적 지원 토대를 만들려 한다. 햇빛발전소를 세우면 기술 및 운영과 관리는 탈북청년들에게 맡겨 그 노하우를 지속적으로 개발 육성하도록 할 것이며 그 원초적 목적은 경제적 자립이다. 4차 산업혁명의 가장 중요한 콘텐츠인 이러한 모델이 미래 선교를 위한 가장 확실한 모델임을 제시하면서 길 위의 선교를 꿈꾸는 많은 이들에게 소개하려 한다.

경제적 자생력을 갖춘 미래 선교의 가능성이 여기에 있다. 나는 이 길이 옳고 반드시 이룰 수 있음을 확신한다. 아니 반드시 실현하여야 한다. 새로운 도전을 시작하면서 이 사역을 무어라 이름 할까 고민 중이다. 함께 도전할 이들이 필요하다. 함께 가자. 새로운 미래선교를 위하여!

다시 생각하는 미션 하이웨이

미션 하이웨이는 단순한 비전이 아니다. 이것은 현실이며 실현 가능하고 반드시 이루어야 할 우리의 목표다. 나는 이곳 그리스와 터키의 난민선교현장을 찾아와 다시 한 번 강한 확신을 갖는다. 특히 뉴 라이프 선교회의 회원들과 나섬의 교인들이 함께 하는 이 사역을 바라보면서 더욱 그런 확신이 든다.

터키와 그리스의 난민 사역이 그리 간단한 것은 아니다. 일단은 거리가 너무 멀고 비용 또한 만만치 않다. 뿐만 아니라 언어의 장벽이 너무 크다. 영어도 그렇고 이들에게 복음을 증거한다는 것이 큰 어려움이다. 특히 무슬림이라는 사실이 왠지 거리가 멀게만 느껴졌다. 그러나 막상 도전하고 보니 너무들 잘한다. 행복해 하는 모습이 보기 좋고 감격스럽다.

나는 오랫동안 미션 하이웨이를 꿈꾸었다. 미션 하이웨이란 전 세계에 현지인 선교사들을 역파송하고 우리의 뉴라이프 선교회원들을 동원하여 역파송 선교사와 동역하게 하는 사역이다. 한 곳에서 오랫동안 사역하는 선교사와 달리 전 세계의 선교 네트워크를 활용하여 세계 곳곳에서 선교적 삶을 누리고, 하나님 앞에서 가장 효과적으로 쓰임 받도록 하는 사역이다. 한국말을 잘하는 역파송 선교사와 한국교회의 준비된 시니어 선교사가 함께 동역한다면 그 시너지는 상상 이상의 효과를 나타낼 수 있다.

먼저는 선교지를 개척하는 것이 필요하다. 그러기 위해서는 이주민들 중 역파송 선교가 가능한 지도자를 키우고 훈련시켜야 한다. 특히 장신대 등 정상적인 신학교에서 신학수업과 선교사 훈련과정을 마치게 하는 것이 우선적으로 필요하다. 나섬에서 오래전부터 리더들을 선발하여 신학교를 보내고 선교사로 역파송하는 이유가 거기에 있다. 이미 파송된 몽골의 보르마 선교사와 터키의 이호잣 그리고 인도의 판가즈와 베트남의 투하, 터키의 세미와 이란의 자파드 전도사가 그들이다. 몽골과 필리핀, 터키와 그리스, 그리고 인도와 베트남 등은 미션 하이웨이를 위한 베이스캠프다. 이곳들만 제대로 네트워크할 수 있다면 그야말로 기가 막힌 선교의 전략이며 믿는 자들로서 가장 확실한 인생을 사는 길이라 확신한다.

둘째의 조건은 바로 시니어 선교사 즉 뉴라이프 선교회를 통하여 시니어 선교사를 조직하고 동원할 수 있어야 한다는 것이다. 나섬은 6년 전부터 뉴라이프 선교회를 조직하여 비전스쿨을 통하여 시니어 선교사를 배출하고 있다. 이들은 특별하며 준비된 시니어 선교사다. 신앙적으로나 인격적, 선교적으로 준비된 자들임은 물론이다. 그렇게 세워진 자들을 선교적 길 위에 네트워크 하는 것이 미션 하이웨이의 전략이다.

몽골에는 한반도 통일을 위한 평화캠프를 세우고, 필리핀에서는 코피노 아이들을 비롯한 빈민청소년들을 선교한다. 그리스와 터키에서는 무슬림 난민들이 선교의 대상이다. 아시아시대의 주인공이 될 인도와 베트남은 선교의 불모지라는 측면에서 가장 필요한 전략적 공간이다.

뉴라이프의 회원들이야말로 그런 곳에서 가장 적극적이며 능동적으로 살아갈 수 있는 이들이다. 문제는 시니어들이 교회라는 공간 안에 머물러 있다는 점이다. 교회 밖에도 교회가 있음을 자각하고 기존의 울타리를 뛰어넘을 수 있는 용기와 결단이 필요하다. 그러나 안타깝게도 교회의 고정관념이 시니어들로 하여금 움직일 수 없도록 영적 장벽을 만들어 놓았다.

그들을 해방시켜야 한다. 그래야 교회의 미래가 있고 한국교회가 살 것이며 하나님 나라가 확장되고 시니어들이 희망을 갖는다. 시니어들을 세상과 세계로 흩어놓아야 하나님이 그들을 통해 일하시고 주의 뜻이 이루어진다. 나는 그것을 확신했고 그 프로젝트가 미션 하이웨이다.

역파송 선교가 이주민 선교의 마지막 목표다. 거기에 뉴라이프 시니어 선교사가 융합하고 동역한다면 얼마나 아름답고 멋진 사역이 이루질 것인가!

세계 곳곳에서 나는 그 비전이 이루어지고 있음을 보았다. 지금 나는 그리스에서 미션 하이웨이의 미래를 그려본다. 그렇다. 미션 하이웨이를 이루어야 모두가 행복해 진다. 그래야 우리 인생이 살맛 나게 된다. 그것이 하나님 나라를 위한 믿는 자들의 삶이다.

한 달 혹은 두 달 씩 선교지를 옮겨가며 이동하는 노마드 선교가 그것이다. 여름이면 몽골에서 한 달, 겨울철엔 필리핀에서 두 달, 멋진 터키와 그리스에서는 봄가을을 지내며 살자.

히말라야가 보고 싶다면 인도 북부의 판가즈 선교사가 있는 곳으로, 베트남 선교가 간절하다면 투하 선교사가 있는 곳으로 가자. 때로는 중국의 변방도 돌고 러시아의 평화캠프와 메콩강 캠프는 어떠한가? 초원길과 비단길을 돌다가 바닷길도 따라가 보자. 길을 만들고 길 위에서 삶을 나누는 전도자의 마지막을 꿈꾸자.

나는 그렇게 살고자 했다. 한곳에 머물지 않고 성을 쌓지 않으며 길을 만들고 길 위의 사람들을 섬기고 사랑하는 삶이었다. 행복한 웃음과 감동의 눈물이 있는 역동적인 삶이 내가 꿈꾸는 인생이었다. 누군가의 동행을 그리워하며 함께 가고 싶은 여정이었다. 그 길 위에 나섬을 초청했고 뉴 라이프의 시니어를 부르고 싶었다. 내 부모 형제는 물론이고 알지 못하던 이들도 얼마든지 함께 갈 수 있음을 고백하며 살았다. 이제 미션 하이웨이의 시대를 열고 싶다. 내가 살고 싶고 가장 하고 싶었던 길 위의 노마드가 되고 싶다.

03

목은으로 살아야 하나?

내 호는 목은(牧隱)이다. 내 친구 이동준이 지어준 것이다. 목은이란 은밀하게 숨어서 목회하는 사람이라는 뜻일 게다. 내 친구가 이 호를 지어 주면서 뜻풀이를 해준 것이다. 은밀하게 숨어서 혹은 드러내지 않는 목회를 하라는 뜻이다. 자랑하지 말고, 잘난 척하지도 말고, 우상이 되려하지 말고, 그저 숨어서 조용히 목회하는 삶을 살라는 것이다. 은밀하게 드러내지 않고 목회를 하라는 친구의 마음이 새겨진 이름이다.

그런데 인간이 어찌 드러내고 싶고 자랑하고 싶은 욕구가 없을까? 목회를 하면서 조용히 숨어서 하기란 여간 어려운 것이 아니다. 여기저기 불려 다니는 것이 이골이 난 목회자에게 조용히 살라는 것은 참 어려운 숙제 같다. 그럼에도 오늘은 내 호를 지어준 친구에게 고맙다 말하고 싶다. 왜냐하면 요즘 목사들의 좌충우돌의 소리가 들리니 조용히 목회 하면서 사는 것도 감사한 일이라는 생각이 들어서다.

박사모와 함께 하는 우파목사들의 좌충우돌에서부터 집권당의 비상대책위원장이 된 목사에 이르기까지 여기저기 목사들이 난리법석의 한복판에 서 있다.

좋은 소리든 나쁜 소리든 목사가 세간의 화두가 되어버려 이상하게도 내 마음이 뜨끔거리는 것이 편치 않아서다. 지난 총선 때 내게 걸려온 전화 한 통으로 나는 잠시 흔들린 적이 있었다. 어느 당의 비례대표 국회의원을 해보지 않겠느냐는 전화를 받고 하룻밤을 고민한 적이 있었다. 물론 내 갈 자리가 아니었으니 곧바로 없었던 것이 되어버리고 말았지만, 생각해보면 그런 유혹은 세상을 살다보면 종종 있는 일이기도 하다.

특히 내가 하는 사역이 나그네 같은 이주민들과 함께 하는 일인데다, 내 자신이 그 일로 인하여 장애를 가지게 되었으니 그만한 이야기 거리면 작게나마 상품가치가 있을 법도 하다.

우리 정치사에서 목사가 정치를 한 적은 여러 번 있었다. 해방이후 이승만 정권에서 부통령이 되었던 함모 목사부터 민주화 운동을 거쳐 현재에 이르기까지 많은 목회자가 국회의원이거나 정부의 요직을 맡은 적이 있었다. 그들 외에도 현재 세간의 이목이 집중된 목사들은 한때 내가 섬기던 분이거나 함께 사역을 하던 이들이었으며 그들 또한 한때는 행정부의 중요한 자리를 차지한 이들이었다. 나는 가까이에서 그들의 모습을 분명히 보았던 사람이다. 참으로 대단한 분들임은 분명하다. 누구도 할 수 없고 갈 수 없는 자리에 간 것과 자신의 목소리를 낼 수 있는 인생이란 그만큼 능력이 있다는 뜻일 게다.

인간은 사회적 동물이라고 아리스토텔레스가 말했다. 사회적이며 정치적인 존재가 인간이라는 사실은 확실하다. 특히 우리나라 국민은 모두가 정치적이다. 어느 한쪽에 서든 이념적 편향성을 가질 수밖에 없으며 그렇게 강요당하고 살아가는 것이 우리 국민들이다. 목사들 또한 예외가 아니다. 그러니 교회가 당파적이거나 이념적 일 수밖에 없다. 아무리 거부해도 우리는 모두 정치적이고 이념 편향적이며 그래서 우리 안에 정치적 갈등과 분열의 영이 똬리를 틀고 있는 것이다.

그 현실의 한복판에 정치적인 목회자들이 있었다. 그들이 있음으로 더욱 정치적일 수밖에 없었다. 민주화 운동이라는 것이 정치적인 것이며 경제정의를 말하는 것이 또한 정치와 불가분리의 연관성이 있으니 더욱 그렇다. 인간의 삶 자체가 사회적이고 정치적이니 우리는 모두 정치신학을 하고 있다는 말이다. 그러니 우리는 얼마나 정치적인가! 여기에 더해 교회안의 교인들은 모두 정치인 버금가는 사람들이다. 지역에서부터 작은 이해관계에 따라 모두 정치와 연관된 사람들이 또한 교인들이다. 마치 국회의원들이 지역구의 여론을 의식할 수밖에 없듯이 교인들의 눈치를 보며 목회를 하려는 목회자들은 교인들의 정치적 성향을 의식하며 목회를 한다.

예언자가 어디 있으며 하나님의 말씀이 어디 있는가? 그보다 먼저 고려해야 할 것이 교인들의 정치적 이념이니 우리는 지금 정치에 매몰된 교회가 되어 버렸다.

그렇다. 우리는 정치적일 수밖에 없다.

그러나 중요한 것은 정치의 기준과 정당성은 분명 신앙적인 것이어야 한다는 것이다. 다시 말하면 개인의 영달을 위해서라든가 권력의 힘에 끌려가는 정치가 아닌 하나님의 입장에서 정치적 선택을 하여야 한다는 것이다. 무엇이 역사와 하나님 앞에서 옳은가를 묻고 응답하는 결단으로서의 정치적 결단이 필요한 것이다.

하긴 그들 모두도 하나님과 역사를 들먹거리며 결단했다고 하니 그것도 자기 마음대로의 기준이다. 무엇이 우리가 잘 살아가는 길인지 헷갈리고 두렵다. 오늘 정치권과 이념의 편향성에 경도된 목회자와 교인들의 선택에 의문을 가지며 한국교회의 미래를 생각한

다. 더 어두워져가는 교회의 미래가 보여 마음이 무겁다. 친구 이
동준이 내 호를 목은으로 지어 주었으니 그 호에 맞게 나라도 조용
히 살아야겠다.

햇빛발전소와 스마트 팜(Smart Farm)의 융합이 답이다

　오랫동안 고민하고 생각했다. 과연 무엇이 미래 선교의 길이며 탈북자와 함께 하는 평화캠프, 나아가 북한 개발 모델이어야 하는지를 기도해 왔다. 그리고 그 비전은 바로 햇빛발전소를 이용한 전기 에너지의 생산이며 그 에너지를 이용한 스마트 팜의 융합이 우리가 가야할 길이라는 것을 깨닫게 되었다. 우리는 이미 몽골학교 옥상에 햇빛발전소를 설립하였고 몽골학교의 상당한 전기를 자생하고 있다. 에너지 주권의 확보야말로 자생력 있는 선교 공동체가 나아가야할 우선적이며 필수적 조건이다.

　그러므로 햇빛발전소와 스마트 팜의 융합을 통한 새로운 미래 산업이야말로 북한 개발 모델이 되어야한다는 결론을 얻게 된 것이다. 경제적 자립은 물론이고 수많은 일자리를 창출할 수 있다는 점에서 반드시 하고 싶은 일이기도 하다.

이 일은 먼저 우리나라에서 시작할 것이다. 가능한 서울 근교의 부지를 확보하고 그 부지에 햇빛발전소와 스마트 팜을 세우려 한다. 많은 탈북청년들에게는 고용의 기회를 제공하고 나아가 기술을 습득하게 하며 독자적 비즈니스에까지 이르게 하는 것이 우리의 일차적 목표다. 물론 새로운 유통의 길을 개척하여야 한다. 스마트 팜에서 생산되는 많은 채소를 어떻게 유통하느냐는 가장 큰 숙제일 것이다. 그러나 할 수 있다. 길이 없으면 길을 만들면 된다.

우리 공동체는 지금까지 그렇게 살아왔다. 비전을 현실로 만들어가면서 나는 얼마나 행복했던가!

그렇기 때문에 우리의 갈 길은 험할지라도 행복한 도전이 될 것이다. 그렇게 해서 경제적 자립을 이루고 탈북청년들에게 일자리 창출을 통한 희망을 주게 되면 두 번째의 도전이 시작될 것이다.

몽골에 세워질 탈북자들과 함께 하는 평화캠프가 그것이다. 몽골에 그 모델을 곧바로 세우는 것이다. 그렇게만 될 수 있다면 탈북자들의 경제적 자립은 물론이고 몽골의 식생활 개선 사업에도 크게 기여할 수 있을 것이다.

세 번째 마지막 목적지는 북한이다. 그곳에 햇빛발전소와 스마트 팜의 결정판이 세워지는 날을 꿈꾼다. 그 꿈이 이루어지는 날 얼마나 행복할까를 생각하면 기분이 좋아 혼자 웃는다. 나는 요셉의 꿈을 꾼다. 요셉처럼 민족과 형제를 구원하는 삶을 살고 싶다. 그렇게 하기 위해서는 경제적 문제를 해결해야 한다. 그것이 요즘 우리 공동체에서 시도하는 노마드 경제학의 실험적 도전이다. 나는 요셉처럼 생각하고 행동하려 한다. 요셉처럼 미래를 생각하고 오늘을 살아가려 한다. 미래는 과연 어떤 모습일까를 생각하며 오늘 할 일을 찾는다. 그 답이 햇빛발전소와 스마트 팜이다.

(주)솔라엘(Solar El)은 그렇게 해서 창업했다. 오래가는 선교적 기업을 만들고 싶다. 솔라 엘을 통한 신재생 에너지 사업을 전략적으로 시작하면서 선교와 통일이라는 거대 담론을 현실로 만드는 도전을 시작한다.

새로운 유통 질서까지 만들어 내야 하니 우리의 미래는 고단할 것이 틀림없다. 그러나 좋다. 아니 행복하다. 그렇게 쓰임 받고, 많은 이들에게 희망을 나누어 주고 지속가능한 선교를 이루어 낼 수 있다면 힘들어도 좋다. 이것이 우리가 사는 법이니 나는 멈추지 않는다. 두렵지도 않다. 오히려 더 많이 설레고 가슴이 뛰어 가만히 앉아 있을 수 없을 정도다.

가슴 뛰는 일을 하면서 그 일이 자기 혼자만을 위한 것이 아니라 이웃과 민족을 위한 일이라면 왜 그 일이 힘들기만 할 것인가? 이렇게 살자고 여기까지 오지 않았던가? 주님으로부터 이렇게 살아야 한다는 가르침 받으며 살지 않았던가? 이렇게 살아야 한다고 설교하지 않았던가?

 오늘도 나는 꿈을 꾼다. 만들어질 미래, 그리고 그 미래에 행복해
할 사랑하는 민족과 이웃들을 생각하면서 나는 오늘도 멈추지 않
는 열정으로 꿈을 꾼다. 그 꿈이 현실이 되는 날을 기다리며 보이지
않는 내 눈 대신, 내 안의 새로운 눈을 주신 주님께 감사하며 산다.

05

이런 생각 처음입니다

　명절 전날 맨발로 교자상 모서리를 잘못 밟아 발바닥에 큰 상처를 입고 병원에 입원을 했다. 지금까지 살면서 몇 번 병원에 가보긴 했어도 입원은 처음이다. 눈에 문제가 생겨 오랫동안 병원을 다니면서 오히려 눈의 병이 악화되는 경험을 한 터라 병원에 대한 편견과 부정적인 생각을 갖고 있는 나였지만, 그럼에도 입원할 수밖에 없을 정도로 발에 심각한 부상을 입었다. 발바닥 상처로 인하여 예정된 필리핀 단기선교에도 참가하지 못하였다. 함께 하기로 한 일행 분들에게 큰 아쉬움을 남겨드린 것 같아 미안하고 무거운 마음이다.

　그런데 더 큰 문제는 오는 2월 말부터 터키와 그리스 그리고 이스라엘까지 난민선교와 성지순례가 예정되어 있다는 점이다. 지금의 상태로는 갈 수 없을 것 같아 잠도 오지 않을 만큼 하루하루가 힘들고 견디기 어려울 정도다.

　지난 주간에 3일 동안 입원을 하고 퇴원을 했다가 이번 주에 다시 입원을 해서 치료중이니 하루빨리 낳기를 바라는 마음이 이만저만 간절한 것이 아니다. 병원에 입원을 하고 나니 입원할 수밖에 없을 만큼 아픈 이들의 마음이 이해가 된다. 단 하루도 있고 싶지 않을 정도로 힘들고 지루한 병원생활이다. 어떻게 또 하루를 보내나 하는 생각을 하면 가슴이 답답해진다.

　그래도 참고 있어야 한다니 이건 정말 날벼락을 맞은 것 같은 기분이다. 눈이 보이지 않는 사람이 이제는 발까지 사용할 수 없게 되고 보니 이건 살아있으나 살아있다고 할 수 없을 만큼 짐스런 인생이 되어버린 것이다. 나야 그렇다 치더라도 아내는 정말 힘들 것이다. 눈이 안 보이는 사람에서 이제는 발바닥까지 다쳐 걷지도 못하는 장애인을 휠체어에 태워 데리고 다녀야 하는 아내야말로 불쌍한 여자임이 틀림없다.

　벌써 3주째이니 언제 발바닥이 완치될까! 그날이 그렇게 간절하고 또 간절하다. 다시는 병원에 오고 싶지 않다. 아니 그렇게 살고 싶다는 생각이 들었다. 어제는 밤새 잠이 오지 않아 거의 날밤을 새웠다. 새벽녘 문득 내 자신을 돌아보니 참 불쌍하고 비참한 생각이 들었다. 나는 언제까지 이렇게 살아야하는가 하는 생각에 마음이 무겁고 화가 날 정도로 내 자신에 대하여 회개했다.

나는 참 내 몸에 대하여 자각하지 못하고 살아왔다. 내 몸뚱이가 얼마나 소중한 것인지를 의도적으로 인정하지 않았음이 확실하다. 내 나이의 친구들이 대부분 그럴지 모르겠지만 나는 젊어서부터 몸에 대한 일종의 강박관념 같은 것이 있었다. 몸을 함부로 취급했다. 몸을 학대하려는 버릇이라고나 할까, 아마 내 안에 그런 마음이 있었다. 어차피 언젠가는 사라질 것이라 생각하고 그랬을지도 모른다. 그러나 이제는 아니다. 정말 눈에서 발바닥까지 다치고 찢기고 상처 난 내 몸에게 이제 정말 미안하고 부끄럽다. 내 몸을 사랑해야겠다는 생각이 들었다. 참 다행스러운 깨달음이다.

두 번째 나는 홀몸이 아니라는 사실이다. 그렇다. 나는 홀몸이 아니다. 내 몸이 갖는 의미를 생각했다. 만약 이렇게 살다가 아무렇지도 않게 사라지면 나야 그렇다손 치더라도 남겨진 사람들에게는 큰 짐만 두고 가는 것이라는 생각이 든다. 내 몸 안에는 단순한 몸으로서가 아니라 많은 이들에 대한 책임과 과제도 주어진 것이다.

당장 단기선교를 함께 가려던 이들에게 큰 실망을 주었다. 미안한 마음을 넘어 이건 있을 수 없는 일이었다. 내가 부주의한 탓이다. 나는 내가 아니라 우리 모두의 삶과 사명까지 끌어안고 살아야 하는 책임적 존재임을 새롭게 깨달았다. 우리 안의 사역에도 막심한 문제가 생기기 시작했다. 내가 나갈 수 없으니 아내도 나가지 못한다. 나와 아내는 나섬과 몽골학교의 책임자들이다. 그런 이들이 지금 병원에 누워있으니 이게 무슨 일인가?

세 번째 나는 많은 이들의 사랑을 받고 있다는 사실을 알게 된 것이다. 때로 고독하고 외롭다면서 누구도 내 삶을 이해하지 못한다고 생각하곤 했었다. 바보 같지만 그건 사실이다. 이제 발바닥을 다치고 병원에 입원을 하고나니 나와 주변을 돌아보는 시간을 갖게 되었다. 그리고 얼마나 많은 이들이 부족한 나를 사랑하고 있는지 새삼 깨닫게 되었다. 참 미안하고 또 부끄럽다.

이렇게 많은 사랑을 받는 이가 또 어디 있을까? 나는 사랑 속에서 살고 있었다. 아내를 비롯하여 친구와 동역자들과 교인들과 뉴라이프의 회원들...

여기저기서 안부를 물어오는 이들의 마음이 전해진다. 미안하고 감사하다.

이제 내안에 새로운 것들로 채워야 한다. 상처를 치료하고 돌아가는 것보다 더 중요한 것이 있다. 마음이다. 생각이고 삶이다. 모든 것을 치유하고 돌아서야 한다. 아내는 내게 이렇게 말했다. 이번 일이 오히려 전화위복이 될 것이라고 말이다. 나는 "아멘"하고 답을 했다. 전화위복임이 맞다. 이건 축복의 또 다른 시간이다. 만약 이렇게 다치지 않았다면, 입원을 할 정도로 아프지 않았다면 나는 여전히 내 몸의 소중함을 자각하고 깨닫지 못했을 어리석은 사람이었다.

그런데 감사하게도 그런 생각을 할 수 있는 시간과 마음을 갖게 되었다. 주님이 주신 마음이고 시간이며 여유다. 감사하고 누워있자. 그래도 하루빨리 퇴원하고 싶다는 생각을 하며 오늘밤은 또 어떻게 보내야하나 몸을 뒤척인다.

06

지금은 교회가 개혁되어야 할 때다

신앙은 이데올로기와 어떤 상관관계를 가질까? 한국교회에서 신앙을 가진다는 것은 이념과 아무런 관계가 없을까? 한국사회에서 기독교인은 보수를 넘어 수구, 친미와 반공 이데올로기의 대변자라는 딱지가 붙어 있다. 한국교회의 역사는 철저히 이승만 정권 이래 친일파와 독재정권의 하수인 그리고 개발독재시대의 첨병이라는, 우리 근현대사의 질곡과 독재의 역사와 결코 무관하지 않다. 물론 일부 진보적인 신학자와 목회자를 중심으로 반독재 민주화 운동에도 앞장선 역사가 있지만 그럼에도 우리 교회는 수구 반동의 첨병처럼 느껴지도록 행동하고 말해 왔다.

선거 때마다 특히 대통령 선거 때마다 우리 교회는 수구 기득권을 대변하는 정당에 표를 몰아주어야 한다고 설교에서부터 앞장선 목사들이 있었다. 대형교회가 그 선봉의 역할을 자임해 왔음을 아무도 부인하지 못한다. 박근혜 정권이 태어날 때도 우리 교회는 그녀가 아니면 마치 대한민국이 망할 것처럼 그들을 지지해 왔으며, 그것이 하나님의 뜻이라고도 했다.

어떤 대형교회 목사는 박대통령을 페르시아의 고레스 같은 왕이라 했을 만큼 한결같이 용비어천가를 불렀다. 세월호 사건이 터졌을 때에도 세월호 가족보다는 대통령의 눈물을 닦아 주어야 한다며 너도나도 그녀를 위로하는데 급급했다. 우는 자들과 함께 울라는 성서의 말씀을 우리는 대통령과 함께 우는 교회로 해석하고 정권을 위한 교회가 되려했다.

살아계신 하나님과 역사보다는 당장의 권력과 이해관계가 더 두려웠고 중요했던 것이다. 교회는 무조건 반공과 친미와 수구 기득권의 상징처럼 되어 가면서 우리의 신앙과 고백은 하나님과 아무런 관계가 없이 되었으며 점점 깊은 수렁의 늪에 빠져들고 말았다. 예언자들이 살아있었다면 과연 오늘 우리 한국교회에 대하여 무엇이라 말했을까 생각하면 너무도 부끄럽다.

어디서부터 잘못된 것일까? 그것은 신앙이 현실적 기복과 관계되면서부터다. 기독교 신앙이 현실의 문제를 해결하는 기복신앙으로

전락하면서 당장의 축복을 얻는 길이라면 그것이 친일이고 독재이
며 반인권적이고 반역사적인 일일지라도 용인하려는 천박한 기독
교로 타락하게 된 것이다.

너무도 가난하고 힘이 들었음으로 우리는 성장과 성공이라면 그
것이 곧 하나님의 축복이라는 등식의 신앙을 가졌다. 그 순간을 천
재적 종교가들인 몇몇의 대형교회 목회자들이 기막히게 꿰뚫었으
며 그렇게 교회는 성장했고 세계에서 가장 큰 교회가 된 것이다.
성장이 곧 성공이고 그런 성공이야말로 축복의 상징이라고 가르치
면서 우리는 모두 성공에 미쳤고 성장에 매몰되고 말았던 것이다.

무조건 잘사는 것이 예수 잘 믿는 징표이며 어떻게 하든 부흥하고
성장하는 교회가 하나님의 축복이 임하는 곳이라는 소문이 퍼지기
시작하면서 부자가 되는 것에 환장한 우리 모두는 이리저리 날뛰는
망둥이처럼 그리로 달려갔다. 그래서 수만이 아니라 수십 만 명이
모이는 교회가 만들어졌고 그 힘은 또 새로운 종교권력을 이루면서
정치와 종교는 한 몸이 되었다.

그래서 정권은 연장되고 그 정권이 어떤 정권이든 아무런 관계가
없었다. 나만 잘살게 해주고 우리 교회의 기득권만 보호해주면 되
는 것이었다. 목회자는 청와대에 가끔씩 불려가 밥을 먹고 조찬기
도회의 설교자가 되면 가문의 영광이 되는 것처럼 자랑하고 다녔

다. 그런 교회를 다니는 교인들은 우리 목사님은 이런 분이라며 자랑하기에 급급했고, 어리석은 우리는 그런 교회라면 축복이 흘러넘치는 교회일거라면서 또 따라나섰다. 그렇게 교회는 망할 수 없는 천국의 열쇠를 가졌던 것이다.

교회와 신앙이 천박한 자본주의 이데올로기와 타협하면서 교회는 성장하고 부흥하며 부자가 되었는지 몰라도 우리는 지금 할 말이 없다. 우리는 부자가 되어 망하고 있는 중이기 때문이다. 차라리 가장 밑바닥 낮은 카타콤 지하에서 고난 가운데 예배를 드리고 작은 것이라도 나누어 먹었던 때가 행복했고 감사했던 기억이 너무 그리운 것은 무슨 이유일까?

부자가 되고 기득권을 가지게 되면서 우리는 이미 교인이 아닌 장사꾼이 되어 버렸다. 나도 예외는 아니다. 가장 가난한 나그네들과 예배하고 그들의 편에서 산다고 하였지만 어느새 나는 타락했고 광야의 야성은 어디론가 사라져 버렸다. 내 신앙도 현실과 타협하였다. 진리가 아니고 정의가 아니라면 저항해라 했던 개혁가들의 정신을 언제부턴가 잊어버렸다. 나는 누구이며 우리 교회는 무엇을 지향하고 있는가? 우리는 지금 어디로 가고 있는가 물어본다.

목적지를 잃어버린 교회와 신앙은 이미 교회도 신앙도 아니다. 광야를 거닐면서도 가나안을 생각하고 그곳을 지향했던 이스라엘 백성들처럼 살아야 했다. 잘살면 그때마다 출현했던 예언자들처럼 우리도 그렇게 말하고 살아야 했다. 그러나 이미 우리는 타락했고 타협했으며 너무도 깊은 현실의 늪에 빠지고 말았다. 스스로는 빠져나올 수도 없을 만큼 깊은 수렁에 빠졌으니 더욱 문제다. 누가 우리를 구원할 것인가? 누군가 우리를 구원해 줄 사람이 필요하다. 문제는 우리 스스로는 안 된다는 점이다.

비참하게도 아니 너무 비극적이게도 너무 늦었다. 구원받기에는 우리의 과거가 너무 더럽고 추하며 냄새나는 썩은 생선 토막처럼 널브러져 있다. 심판이 우선이다. 회개가 먼저이다. 우리는 너무도 역사를 몰랐고 하나님을 신앙하지 않았던 거다. 살아계신 하나님을 두려워하지 않았고 당장의 권력을 더 좋아했다. 그래서 우리는 이렇게 망가져가고 있는 중이다.

그러나 아직도 우리의 패배를 인정하지 못하는 교회와 신앙인이 있다는 사실이 너무 슬프다. 더 망가져 완전히 버림받기 전에 다시 돌아가야 한다. 광야로 돌아가자는 호세아 선지자의 권고를 들어야 하는 때다. 빈들로 가자. 다시 빈들로 나아가 하나님이 말씀하시는 소리를 들어야 한다. 너무 늦기 전에 교회부터 개혁해야할 때임을 깨달아야 한다.

07

아레오바고 언덕에서
다시 가야할 길을 보다

위로는 파르테논이 아래로는 아테네의 전경이 보이는 아레오바고
다. 바울의 아테네 선교가 이루어지던 곳이다. 비가 내리는 아레오
바고에서 나는 우리가 살아야 할 새로운 비전을 생각했다. 사도행
전 29장의 선교적 삶이 우리를 기다리고 있다 말했다. 아레오바고
의 바울 선교가 이루지 못한 나머지를 이루고 싶다.

그리스는 나와 나섬에게 무엇인가? 그리스는 기독교의 세계화를
시작한 나라다. 인류문명의 배꼽에서 기독교 선교의 배꼽이 된 나
라다. 이제는 이슬람 선교의 배꼽이 되려는 나라일까?

길을 만들자고 했더니 길이 보인다. 생각지도 않았던 그리스에 대
한 길이다. 모든 길은 로마로 통하고 그 길을 따라 바울이 선교를 하

더니 그리스는 그 길이 되어 나에게 나타났다. 새로운 미래의 길이
되라 하면서 그리스까지 나섬의 길이 이어지고 있다.

예수님은 자신이 곧 길이라 하셨다. 길이 되시는 그분의 오심을
위하여 세례요한이 길을 개척했다. 바울은 예수님 사후 예수께서
말씀하신 길을 하나님 나라의 선교라는 길로 해석하고 세계를 누볐
다. 요한과 예수와 바울은 한결같이 길이라는 화두를 붙잡고 사셨
던 분들이다. 물론 중심은 예수이시다. 예수의 길을 앞서서 혹은 뒤
에서 함께 만들어 가셨다.

앞에서 길을 만들고 뒤에서 길을 이어주니 역사가 되었다. 세례요
한의 길과 예수의 길, 그리고 바울의 길을 아레오바고에서 바라본
다. 그리고 이제는 우리가 다시 그 길을 이어가려 한다.

나는 길이 되고 싶다. 예수님처럼 길을 만들고 창조하고 개척하
는 길의 삶을 살고 싶다. 예수님의 길은 세례요한에게서 시작한다.
바울은 그 길을 이어갔다. 아레오바고의 언덕에서 길이 보였다. 내
가 갈 길이다. 나섬이 길이다. 바울이 갔던 길이 끊겨서는 안될 것
이다. 누군가 다시 그 길을 이어가야 한다.

역시 그리스에서도 길이 기다리고 있었다. 예수와 세례요한과 바
울의 길이 그리스에서 나섬에게 이어지기를 기다리고 있었다. 길

위의 사람들이 난민이라는 이름으로 나섬의 길 사역을 위하여 기다리고 있었다.

예수가 길이라 하셨다. 요한은 예수님이 오시는 길을 앞서 닦았다 했다. 바울은 예수가 말씀하신 구원의 길을 이어갔다. 로마가 만든 군사도로와 알렉산더가 개척한 헬레니즘의 길이 바울이 가려는 길과 연결되었을 때에 기독교는 세계화 되었다.

길은 영원한 주제다. 길을 만드는 삶이 복되다. 예수의 길, 세례 요한의 길, 바울의 길은 통한다. 그들의 길도 로마와 헬레니즘의 길과 통한다. 나섬의 역사도 길의 역사다. 우리도 그 길을 따라 나선다. 그리스에서 발견한 길은 새로운 도전이다. 역시 답은 길이었던 것이다. 가야할 길이 보였다.

구원의 길, 사랑의 길이다.

길 위의 난민들에게 진정한 길의 의미를 찾아주어야 한다. 이것이 길의 사역이다. 아레오바고에서 나는 그 길을 보았다.

우리가 갈 길이다. 내가 살아갈 길이다. 나섬이 사는 길이다. 길만이 우리를 살린다. 성안에 있는 자들은 모조리 죽어간다. 아니 이미 죽었는지도 모른다.

내 주변의 모든 성주들은 사라졌다. 그렇게 자랑하고 뽐내던 이들이 모조리 사라졌다. 그들은 지금 여기에 없다. 과거의 사람들이 되어버린 것이다.

　미래의 인생이 아니라 과거의 기억만 남은 이들이라면 그들은 살고 있으나 이미 죽은 것이다. 성안에서 죽었기 때문이다. 성안에서 죽어간 내 친구들의 명복을 빈다. 나는 길 위에서 죽을 거다. 길 위에서 죽어야 한다. 길 위의 삶만이 역사가 기억하기 때문이다.

그리스에 대한 새로운 자각,
그리고 새로운 도전

그리스는 내게 아니 한국교회에 있어 대단히 낯선 공간이다. 단순히 바울 사도의 선교가 이루어진 것 빼놓고 그리스에 대한 특별한 관심은 한국교회에 있을 성싶지 않다. 그리스 신화나 철학에 관심 있는 사람이라면 몰라도 선교적으로 그리 크게 관심이 있는 곳은 아니라는 말이다.

그러나 실제로 그리스는 교회사에 있어 매우 중요한 의미가 있다. 1054년 동방교회와 서방교회가 갈라진 이후 그리스는 정교회의 중심 국가가 되었다. 한국교회는 정교회의 역사를 모르지만 사실 그 것은 우리가 서방교회의 전승을 이어받았기 때문이다.

그리고 지금까지도 한국 개신교는 정교회를 이단시하려는 무지한 태도를 갖고 있다. 그러나 분명히 정교회는 세계교회사에 있어

빼놓을 수 없다. 주후 330년 콘스탄티누스 황제가 콘스탄티노플 그러니까 지금의 터키의 이스탄불로 동로마제국을 옮긴 이후 동로마제국은 서로마제국보다 월등히 수준 높은 교회 역사를 갖고 있다. 실제로 동로마는 1453년 멸망한데 반해 서로마는 476년에 사라졌으니 그 역사만으로도 충분히 동로마의 힘이 얼마나 강력했는지를 알 수 있다. 물론 서로마제국이 멸망한 이후에도 서로마는 새롭게 다시 부활하여 중세 기독교의 중심축이 되기도 했지만 그럼에도 동로마는 한 시대의 역사를 이끌었던 세계의 중심이었다.

그 동방교회의 중심이 바로 그리스 정교회다. 사실 그리스는 동로마제국의 중심이기도 하지만 바울 사도의 선교에 있어서 빼놓고 말할 수 없는 곳이다. 사도바울이 2차 선교여행 중 드로아에서 보았던 마게도니아 사람의 환상으로 바다를 건너 네압볼리 지방의 빌립보에 새로운 교회 공동체를 세워 선교의 영역을 아시아에서 유럽으로, 그리고 다시 세계로 확장시킨 곳이 오늘의 그리스다.

특히 고린도 교회는 바울 신학에 있어 얼마나 중요한 공간이던가! 고린도 교회에서 바울 서신 중 가장 먼저인 데살로니가서가 쓰여 졌으며 후에는 갈라디아서와 로마서가 쓰여지기도 하였다. 바울은 그 고린도 교회에서 선교의 소중한 동역자가 되었던 아굴라와 브루스길라를 만나 자비량 선교의 틀을 잡기도 했다. 바울 사도께서 일 년 반 이상을 고린도 교회에서 목회를 하면서 새로운 선교와 복음의 핵

심주제를 설파하기도 하였으니 고린도 교회는 바울 선교에 있어 얼마나 의미 있는 공간이었던가를 미루어 짐작할 수 있다.

그런 그리스에 전 세계 난민 중 상당수가 모여들고 있다. 지금은 난민을 비롯한 이주민의 시대이며 난민 문제는 세계적인 이슈다. 난민문제로 유럽을 비롯하여 전 세계가 전전긍긍하는 모양새다. 난민은 누가 왜 어떤 이유로 만들어낸 것일까?

우리는 여기서 난민문제의 가장 중요한 의미를 찾아야 한다. 그것은 영적이며 선교사적인 문제이기 때문이다. 세계사적인 문제는 곧바로 영적이고 선교적인 문제와 연결된다. 세상을 움직이시는 분은 하나님 한 분이심으로 그것은 결코 과장이거나 역사를 왜곡하는 것이 아니다. 역사는 세속사와 구원사가 따로 구별될 수 없다. 적어도 세상사는 구원사의 영역 안에 존재한다.

난민은 구원을 위한 하나님의 마지막 계획이다. 성서의 관점에서 볼 때에 구원을 이루시는 하나님은 길 위로 인간을 밀어내시면서 자신의 사역을 시작하신다.

창세기 12장의 아브라함을 부르시는 장면에서부터 리브가와 야곱과 요셉의 경우에서처럼 하나님은 자신의 백성을 철저히 성안에서부터 길 위로 끌고 나오신다. 성안에 있는 자는 구원사에 쓰임 받

지 못한다. 길 위의 인생으로부터 구원역사는 시작된다. 그러므로
길 위의 인생을 주목하여야 한다. 난민은 바로 그 길 위의 사람들
이다. 이주노동자를 비롯하여 난민은 집에서 나온 가출한 존재들이
다. 길 위에서 새로운 세상을 향하여 도전하고 개척하려는 이들이
다. 그들은 나그네이며 유목민들이다. 나그네가 순례자가 되는 것
이 선교다.

순례자는 나그네들의 구원사적 개념이다. 선교는 성안에서는 이
루어질 수 없다. 길 위의 사람이 선교의 대상이다. 그 길 위의 사람
들이 바뀌어 순례자가 되는 순간이 선교이며 구원사가 완성되는 시
점이다. 그런 길 위의 나그네들이 난민이라는 이름으로 그리스에
집결되고 있다. 엄청난 수의 난민 행렬이다. 왜 하나님은 그리스를
오래된 바울의 선교지에서 21세기 새로운 선교지로 역할을 변경시
키시는 것일까? 그렇게나 불가능하다는 이슬람 선교의 새로운 대
안으로 그리스를 사용하시는 이유가 궁금했다.

나는 지금 네압볼리 빌립보 에게 해 앞 작은 호텔방에서 이 글을
쓰고 있다. 창문을 열면 에게 해가 바로 앞에 있다. 일행 중 몇몇은
에게 해의 밤바다를 거닐겠다고 호텔방을 나간 모양이다. 나는 오
늘 아침부터 감기 기운이 있어 기운이 없다. 감기약의 덕인지 안개
속을 걷고 있는 느낌으로 창밖의 에게 해를 생각해 본다. 바울이 건

넜을 에게 해의 바다다. 바울 사도께서 드로아에서 마게도니아 사람의 환상을 보고 건넜다는 그 바다다. 나는 지금 어떤 환상을 보려는 것인가? 감기약 때문인가 아니면 새로운 선교에 대한 부르심인가? 2000년 전의 마게도니아 사람의 환상이 오늘 그리스로 몰려드는 난민들의 모습으로 내게 다가온다. 이것은 감기약 때문이 아니다. 확실히 이 부르심은 하나님의 역사이며 구원사다.

이제 그리스는 성지이며 동시에 선교지이다. 마치 터키가 그런 것처럼 그리스도 그 땅의 역사를 다시 쓰시려는 하나님의 섭리가 있는 공간이다. 적어도 그리스는 마지막 하나님 나라 선교의 전초기지다. 유럽을 넘어 무슬림 선교의 대안이고 희망이다.

그리스를 주목하라! 경제적으로는 쇠약해진 것처럼 보이지만 하나님의 선교라는 관점에서는 그리스는 떠오르는 태양이다. 그렇다! 경제적으로 불확실하고 당장의 현실적 삶이 어려워지는 곳에 하나님 나라의 미래가치가 숨겨져 있다. 그리스는 새로운 선교지다. 도전의 땅이고 바울의 선교가 여전히 진행 중인 공간이다. 나는 그리스를 사랑하기로 했다. 이제 이곳에서 새로운 인생과 역사를 쓰려는 이들을 모아 하나님 나라의 역사를 다시 쓰고 싶다.

09

유바울 선교사의 간증을 듣고

아가페센터의 유바울 선교사님께 간증을 부탁했다. 우리는 조별로 난민선교학교 사역을 감당하였는데 둘째 날 오전 당번이 아닌 조원들을 위해 유 선교사님이 간증을 들려주면 좋겠다는 생각에서였다. '자신의 삶과 신앙, 그리고 선교'라는 주제로 간증을 부탁하였다. 아마 하기 쉽지 않은 간증이었을 게다. 그러나 서울에서부터 부탁을 했으니 선교사님도 거절할 수는 없었으리라.

올해로 60대 중반이 된 유 선교사님은 보기보다 젊다. 그는 언젠가 내가 간증하는 설교를 들었다는 말로 간증을 시작하였다. 때때로 나 자신이 얼마나 행복한 목회자인지를 간증할 때가 많으므로 어디선가 그런 내용의 설교를 들었으리라. 유선교사님은 지금 자신이 꼭 그런 심정이라고 고백한다. 유선교사님이 그의 삶을 나하고 비교한다는 것이 왠지 쑥스러운 일이었지만 그래도 기분은 좋았다. 진정 지금도 나는 누구보다 행복한 목회자임을 알기에.

선교사님은 평생 외국계 회사에서 중역으로 일하다가 사직을 하고 새롭게 목회자의 길로 들어선 이야기로 간증을 이어갔다. 거기까지는 그랬다. 평범한 이야기다. 늦은 나이에 목회자로 혹은 선교사로 살아가는 이들에게는 다 그럴만한 스토리가 있는 법이니까. 그런데 그 다음이 충격이다. 2007년 아프가니스탄 칸다하르 지역에서 피랍된 샘물교회 단기 선교팀의 그 아픈 기억을 더듬으면서 이야기를 이어갈 때 우리 모두는 아무 말도 할 수 없었다.

아프가니스탄 단기 선교팀의 리더로 참여했다가 탈레반에게 납치가 될 줄 누구인들 그런 시나리오를 생각했겠는가? 청년들을 비롯한 23명의 단기 선교팀은 칸다하르 지역을 통과하던 중 탈레반에게 납치를 당한다. 그리고 장장 40일간의 피랍과 두 명의 순교자가 생긴다. 손OO 형제와 배OO 목사가 그들이다. 그들은 탈레반의 협박용으로 죽임을 당하고 말았다.

유선교사님은 그 말을 하면서 눈시울을 적시는 것 같았다. 당시 그 두 명이 죽임을 당했다는 사실을 우연히 알았다고 한다. 탈레반이 전해준 라디오를 듣는데 문득 납치자의 숫자를 21명이라고 말하

더라는 것이다. 영어로 방송되는 뉴스를 듣던 중 라디오 앵커가 피
랍자 숫자를 말하면서 21명이라 했다는 것이다. 유선교사는 왜 자
신들이 함께 온 23명의 숫자가 갑자기 21명으로 바뀌게 되었는지를
생각하다가 그들 중 두 명이 죽었음을 알아차렸다 한다.

　피랍기간 중 배설물을 처리하지 못하고 힘들어하던 자매들의 그
고통스러운 이야기를 들으면서 나는 인간의 고통 중 먹지 못하는 것
보다 제대로 배설하지 못하는 고통이 더 크다는 사실도 알았다. 먹
지 못하는 고통보다 배설할 수 없는 고통은 얼마나 힘들까를 생각
하면서 먹고 배설하는 것 자체가 복임을 깨달았다.
　벼룩이 살갗을 뜯고 물어 진물이 날정도로 고통스러웠던 아프가
니스탄의 어느 움막 같은 곳에서의 생활상도 들었다. 40일 동안 옷
을 갈아입지 못하는 것은 물론이고 닦지 못해 어떻게 살았는지를
말하는 그에게서 인간이라는 존재가 얼마나 연약한가를 느꼈다.

　어느 날엔가 피랍된 일행 모두를 밖으로 끌고나와 구덩이 앞에 세
우고는 죽이려 했다 한다. 그날 그 자리에서 유선교사님은 총알 한
방에 죽게 해달라고 기도를 했다고 한다. 고통 없이 죽여 달라고…
만약 한방에 죽지 않으면 자신이 없어 탈레반에게 무릎을 꿇을지
도 모르기에 그렇게 기도를 했다는 것이다. 그렇게 말하면서 그는
웃었다.

그러나 더 고통스러웠던 것은 두 명의 순교자를 두고 돌아온 한국에서였다. 그들을 기다린 것은 상상할 수 없을 만큼, 아니 그 어떤 말로도 다 설명할 수 없을 만큼 고통스러운 주변 사람들의 비판과 비난이었다.

이미 받은 상처와 상처 난 부위에 쏟아지는 여론의 비난과 조롱, 한없이 추락할 수밖에 없었던 그때를 말하면서 유선교사의 목소리가 떨렸다. 아니 울고 있었다. 우리도 울었다. 정말로 힘든 시간이었음을 실감하면서 한때 나도 그들을 비판했던 순간이 떠올라 미안하고 또 미안했다.

결과적으로 그 고통은 지금 그가 그리스 아테네에서 아프가니스탄을 비롯한 난민 사역을 하게 한 계기가 된 것이다. 인간에게 삶은 그렇게 흘러간다. 지금의 나는 미래의 나를 규정할 것이다. 지금의 내 고통은 미래의 내 삶을 그리는 작업이다. 삶은 연동된다. 과거와 현재와 미래는 떨어질 수 없다. 아니 그것이 당연한 일이다. 하나님이 살아계심은 그런 것이다.

그날 유선교사님에게서 들은 아프가니스탄 피랍 사건의 전말을 들으면서 그리고 그 후의 그의 삶과 선교사역에 대하여 들으면서 나는 많은 것을 생각했다. 잘 살아내야 한다. 죽음의 순간에도 죽음에 대하여 잘 생각하고 살아야 한다. 혹시 내가 그 자리에 있었더라면 살려달라고 울고불고 무릎을 꿇고 손발 비비고 난리를 치며, 죽지 않겠다고 똥을 싸고 오줌을 싸고 기절을 하진 않았을까? 내가 그 자리에 있었더라면 아마 살고 싶다고, 살려달라고 했을 것이다.

예수님께서 십자가를 들고 골고다를 올라가시던 날을 상상한다. 갑자기 힘이 빠진다. 나는 지금 잘 살고 있는 걸까?

호잣트 선교사로 시작하여
호잣트 선교사로 끝난 난민선교학교

터키에 호잣트 선교사를 역파송한 사실이 이렇게나 의미 있고 소중한 사역인지를 이제 더 크게 깨닫는다. 함께 간 일행 모두 한결같이 호잣트 선교사의 존재감을 깨달았을 것이다. 하긴 나도 역파송의 위력을 이렇게 실감할 줄은 미처 예상하지 못했으니 모두들 놀라울 수밖에.

페르시아권의 난민들이 호잣트 선교사를 앞에 두고 단 한명의 예외도 없이 목을 빼고 말씀을 듣는다. 여기서 우리 모두는 기이한 장면이라는 느낌을 받는다. 마치 예수님을 만나기 위해 모인 군중들 가운데 한바탕 소동이 일어나거나 혹은 삭개오처럼 뽕나무에라도 올라가야겠다는 마음을 가졌던 갈급한 사람들처럼… 혈우병 앓던

여자가 예수님의 옷자락이라도 만져 보았으면 하는 심정으로 예수
님 곁에 다가왔던 것처럼 호잣트 선교사의 주변에 난민들이 한 두
사람씩 모여드는 것을 바라보며 나는 예수님 당시의 모습이 연상
되었다.

　그의 잘생긴 외모는 물론이고 그의 자신감 있는 고백과 말씀을 듣
는 모습이 마치 예수님을 상상하게 한다. 언제나 그랬던 것처럼 그
는 무슬림 선교를 위하여 하나님이 준비하신 사람이다. 그가 여기
서 이렇게 존귀하게 쓰임 받는 모습을 바라보며 나는 행복하고 감
사했다. 이 사실만으로도 결코 내 삶이 헛되지 않았다는 생각이 드
니 나도 모르게 눈물이 난다. 호잣트 선교사는 내 목회와 삶의 열매
이니 더욱 그렇다.

　그리스 난민선교학교를 시작하면서 무엇보다 자신감을 가지게 된
것은 우리에게 호잣트가 있었기 때문이다. 만약 그가 없었다면 감
히 엄두도 낼 수 없는 큰 사역이었다. 아무리 많은 한국인 성도들
이 그리스에 온다하더라도 결국 페르시아권의 난민들에게 복음을
들려줄 수 있는 사람은 호잣트 외에는 없다. 그는 누구보다 자신의
민족을 사랑하고 그 백성이 걸어온 길을 안다. 거의 모든 난민들은
종교적으로 이슬람에 경도되어 있음도 잘 알고 있는 사람이다. 어
렸을 적부터 꾸란을 외우며 자랐던 그였으니 그는 이슬람의 꾸란과

그 교리에도 정통한 사람이다.

  그리고 이후 기독교인으로서 장신대 신대원까지 졸업한 목회자다. 선교사로서 그의 헌신은 남다르다. 그는 어느 선교사보다 자신의 민족을 잘 알고 사랑한다. 그런 그의 마음이 통해서였을까 터키의 이스탄불 나섬페르시안교회는 꾸준히 이란인들이 찾아오고 복음이 증거 되는 공동체가 되었다. 그리고 나아가 그리스 아테네에까지 그를 부르셨으니 그의 선교적 영역은 경계가 없다. 더 갈수 있으면 나아가야 한다. 선교의 영역과 경계를 고집할 이유가 없다. 누구든 우리를 필요로 하는 이들이 있다면 그곳이 어디이든 찾아갈 용의가 있다. 선교의 전략이 바뀌는 순간이다. 나는 그것을 노마드 유목민 선교라고 부르기로 하였다.

  난민을 비롯한 이주민이 전 세계로 흩어지는 그 흐름에 따라 우리의 선교도 흘러간다. 굳이 한곳에 정착할 필요는 없다. 양들이 흩어지고 흘러가는 그 곳이 곧 선교지다. 목자는 양들을 따라가며 선교를 하고 그들이 모이는 곳이 바로 선교지 임을 알기에 선교사도 한 곳에 머물 수 없다.

  호잣트 선교사가 터키 이스탄불에서 그리스 아테네로 찾아온 것도 그런 이유다. 나는 그에게 터키의 이스탄불을 넘어 그리스 아테네 그리고 이란까지 넘나드는 국경과 경계를 뛰어넘는 융합적인 선교를 하자 했다. 그도 그에 동의했다.

그리스 아테네의 난민선교학교는 지난 2월 아가페 센터의 유바울 선교사님과 사마리아 센터의 양 선교사님과 함께 공감하고 합의하여 시작한 사역이다. 처음에는 어떤 모양새가 될지 궁금하고 자신이 없었지만 한번 두 번 하다 보니 그런대로 그림이 그려진다. 어쩌면 이 사역을 하지 않았다면 큰 후회를 할 뻔했을 것이다.

우리가 그리스 난민 사역을 할 수 있었던 배경은 어찌되었거나 호잣트 선교사라는 역파송 선교사가 존재하기 때문에 가능하였다. 그는 난민 사역은 물론이고 무슬림 사역의 중심임이 분명하다. 우리는 그가 마지막 때에 하나님의 나라를 위하여 부름 받은 귀한 선교사라는 사실을 거듭 확인할 수 있었다.

4부

길을 지배하는 자

01

한국교회 선교펀드를 만들자

　한국교회 문제의 핵심은 나눔 없는 독점의 욕망이다. 대형교회를 비롯하여 거의 모든 교회가 지향하는 목회의 방향은 부흥과 성공이다. 왜 교회마다 모이는 교회를 모델로 하는가? 헌금과 성도수가 비례한다는 사실 때문일 게다. 성도수가 많아야 헌금이 많이 들어오고 헌금이 많아야 큰 일을 한다는 식의 자본주의 논리가 지배하는 교회가 되었기 때문이다.

　그러나 문제는 그러한 교회의 개념이 파괴되고 있다는 현실이다. 교회는 급속히 쇠락하고 있다. 교인수가 급감하고 헌금이 줄어드는 상황이 되어가고 있다. 교회의 부흥논리가 더 이상 먹혀들지 않게 되면서 교회는 딜레마에 빠지게 된다. 교회성장이 멈추고 나아가 내리막길로 들어선 교회의 미래를 생각하면 지금까지의 패러다임으로는 더 이상 희망이 없다는 것을 쉽게 예측할 수 있다.

선교하는 교회가 되어야 함에도 선교하는 교회는 더 이상 찾을 수 없을 지도 모른다. 일부 대형교회를 제외하고 나면 대부분의 교회는 선교적 사명을 감당할 수 없다. 자신들의 교회와 공동체를 유지하기에도 급급한 상황이 오고 있다는 말이다.

이때에 새로운 선교펀드를 만들어야 한다. 지속가능한 선교의 패러다임을 과감하게 만들어가야 한다. 교인 수와 헌금의 독점이 부흥이라는 논리로 위장된 허위의식의 목회를 과감하게 벗어버려야 한다. 공동체성의 회복이 일어나야 한다. 나만 살면 될 것이라는 착각은 오래갈 수 없다. 우리 교회만 부흥하면 된다는 이기적인 생각으로는 미래가 없다. 우리는 연동된 조직 사회에 살고 있으며 대형교회는 작은 교회와 개척교회와 농촌교회가 있기에 가능할 수 있다는 사실을 깨달아야 한다.

우리 교회만 살 수 있다는 착각은 대단히 위험하다. 한국교회의 위기는 우리 모두의 위기다. 나눔에 대한 각성이 필요하다. 독점의 목회를 혁신하여야 살아남을 수 있다. 세상의 시장도 공생을 말하고 동반성장을 주장하고 있으련만 왜 교회는 자기중심의 한계를 벗어나지 못하고 있는 것일까?

작은 교회는 통합하고 큰 교회는 작은 교회와 나누어야 한다. 더 크게 예배당을 지으려는 욕망의 짐을 내려놓아야 살아남을 수 있다. 공룡이 되면 죽는다. 공룡이 하루아침에 사라진 것을 안다면 자기부흥의 논리 앞에 매몰되어서는 안된다.

가장 먼저 실천해야할 사안은 선교펀드의 조성이다. 선교를 어느 한 교회의 전유물이 아니라 한국교회 전체가 하는 공동의 사역이 되게 하자는 것이다. 교회의 형편에 따라 좌지우지되는 선교가 아니라 전체가 책임지고 만들어 가는 하나님 나라의 선교가 되도록 만들어 보자는 것이다. 지속가능한 하나님 나라의 선교는 어느 한 개인이 거나 특정 교회의 소유가 아니라 한국교회 전체가 공동으로 책임지고 만들어갈 때에만 가능하다.

선교펀드가 만들어지면 얼마든지 그런 지속가능한 선교를 할 수 있다. 모두가 참여하면 모두가 함께 기도하고 만들어 가는 선교가 된다. 투명하고 공정하게 관리할 수 있는 위원회를 구성하고 각 선교지와 구제가 필요한 곳에서 지원을 요청하면 프로젝트마다 실사 후 지원하면 된다. 교회의 부흥과 한 목회자의 성공 여부와 관계없이 선교는 지속적으로 이루어져야 한다. 세계를 향하여, 낮은 곳을 향하여, 꼭 필요한 곳으로 선교펀드가 흘러가도록 동참하여야 한다.

만약 선교펀드가 만들어지면 지금과 같은 경쟁의 목회와 욕망의 목회도 사라질 것이다. 모두가 참여하는 공동체적 선교는 한국교회를 건강하게 할 것이며 성숙되게 할 것이다. 교인들은 자기 헌금의 사용처에 대하여 확신을 갖게 될 것이며, 교회는 공정하고 상생하는 새로운 공동체의 모습으로 탈바꿈될 수 있을 것이다.

헌금만이라도 공정하게 나누고 투명하게 사용한다면 한국교회는 다시 살아남을 수 있다. 그것이 바로 선교펀드를 만들어보자는 취지인 것이다. 나섬에서는 선교펀드를 만들고 있다. 십일조 나눔재단의 설립을 추진하는 이유가 거기에 있다.

십일조는 하나님의 것이다. 어느 교회나 목회자가 독점할 수 있는 것이 아니다. 십일조는 가난한 이들의 것이며, 하나님 나라를 위하여 사용되어져야 하는 하나님의 것이다. 십일조 나눔을 통한 선교펀드를 만들어야 한다. 이것이 그나마 미래를 준비하는 교회의 모습이다.

나섬선교훈련소 필리핀 행복학교

나는 군종장교가 되기 위하여 경북 영천의 3사관학교에서 훈련을 받았다. 군종장교 후보생들에게는 훈련소가 별도로 없었기 때문에 군종장교를 비롯한 몇 명의 혼합사관 후보생들을 위한 특별훈련소 가 3사관학교에 만들어진 것이다. 이미 30여 년 전 일이지만 나는 그 당시를 생생하게 기억한다.

나는 훈련소에서 번호가 1번이었으므로 다른 사람들에 비해 상 대적으로 고생을 많이 하였다. 모든 훈련 시 가장 먼저 훈련에 뛰어 들어야 했고 이런저런 이유로 힘든 훈련을 받았다. 그런데 지금 생 각하면 그 훈련이라는 것은 힘들면 힘들수록 유익한 것이라는 생각 이 든다. 전쟁을 대비한 훈련이 강하면 강할수록 강한 군인이 만들어지는 것이다.

훈련받지 않고는 장교가 될 수 없다. 장교훈련이 사병 훈련보다 강한 것은 장교이기 때문이다. 사병들을 지휘하여야 하는 장교는 사병들보다 강한 군인이 되어야 한다. 그래서인지 군종장교라는 특수신분의 군인이었지만 나는 강한 훈련을 받았다. 행군을 한 뒤엔 유격장에서 고된 유격 훈련을 받았다. 사병훈련이 4주인데 반해 장교 훈련은 12주가 넘었고, 후반기에는 육군행정학교에서 4주간의 전문 교육을 더 받았다.

그리고 나서도 일 년에 한 두 번씩은 특별한 교육을 받아야 했고 단기의 짧은 군목생활을 했지만 여러 교육과 훈련을 받았다. 그때는 피곤하고 힘들어 도망가고 싶었지만 지금 생각해보니 분명 필요한 훈련이었음을 느낀다.

강한 군인은 강한 훈련으로부터 만들어진다. 훈련이 혹독하지 않고 강한 군인이 되기란 불가능하다. 그래서 특전사나 해병대 출신들이 다른 것이다. 강하게 훈련된 사람들이기 때문이다.

선교사는 영적 전쟁을 하는 영적 군인들이다. 육체적 훈련보다 강해야 하는 것이 영적, 정신적인 영역이다. 인간을 강하게 하는 것은 육체뿐만 아니라 영적이며 정신적인 부분까지 포함한다. 다시 말하여 전쟁을 위하여 군인이 만들어지는 것이라면 선교사는 영적인 싸움을 위하여 훈련되어야 한다는 것이다. 군인을 만들기 위하여 훈련소가 필요하듯 영적 전쟁을 하여야 하는 선교사를 위해서도 훈련소가 필요하다.

그런 면에서 나섬의 선교훈련소는 바로 필리핀행복학교다. 행복학교 개교식을 위하여 나섬의 단기 선교팀이 필리핀행복학교를 찾았다. 선교훈련이란 추상적인 것 같지만 사실은 고된 시집살이 같은 것이다. 일단 참여하면 훈련이 끝날 때까지 함께 하여야 한다. 누가 시켜서 참여한 것이 아니니 나중에라도 할 말이 없다. 이번 훈련과정에는 산지족 마을과 비하오 아이타 원주민 마을 탐방이 있었다.

산지족 마을을 가려면 커다란 트럭을 타고 산을 넘어가야 한다. 물 건너고 산 넘어서 찾아가는 산지족 마을 가는 길은 즐겁기도 하지만 나중에는 온몸에 멍이 드는 혹독한 시간을 거쳐야 한다. 처음에는 좋아서 환호성을 지르고 웃고 떠들지만 곧 후회가 시작된다.

트럭이라야 2차 세계대전 이전에도 없었을 것 같이 낡고 볼품없는 것이다. 그 트럭에 몸을 싣고 산을 기어올라야 한다. 곧 해체될 것 같은 그 트럭이 선교팀을 싣고 헉헉대며 산을 오른다. 물 건너고 골짜기를 지나 기어이 산에 오르면 그곳이 바로 하늘아래 산족 마을이다. 필리핀에 이런 산골마을이 있다는 것이 너무도 신기하지만 그 골짜기 깊은 곳에 사는 사람들은 언제나 행복하다. 행복은 소유에 있는 것이 아니라 존재에 있다는 어느 철학자의 말은 진실이다.

산지족 마을을 다녀온 선교팀은 거의 쓰러지기 일보직전이었다. 엉덩이에 멍이 들었다는 용훈이부터 발에 쥐가 날 정도로 고통스러웠다는 이교일 집사, 특전사 출신인 이인희 집사님까지도 힘든 행군이었다 말한다. 그러나 모두들 표정은 행복하다. 왜 그럴까? 서장로님은 시간이 나는 대로 그 산지족 마을에 며칠 동안 머물고 싶다고 한다. 할 수 있으면 아예 집을 구해 살고 싶다 한다. 좋았던 모양이다.

모두들 선교의 의미를 느끼기 시작한 듯하다. 아마도 오랫동안 그 산지족 마을을 다녀온 것을 잊지 못할 것이다. 기억에 오래 남는다는 것은 그만큼 고생했다는 말이다. 고생한 만큼 기억되는 것이 인생이고 훈련소에 대한 기억이니까.

나섬의 선교팀이 두 번째로 찾은 곳은 잠발레스에 있는 비하오 아이타 원주민 마을이다. 산에 살던 아이타 원주민들은 피나투보 화산폭발로 산 아래로 내려올 수밖에 없었다. 그런 연유로 만들어진 곳이 비하오 마을이다. 아이타족은 다른 민족과 섞이지 않은 원주민이다. 스페인이 지배하던 당시 아이타 원주민들은 거의 동물처럼 취급을 당했다 한다. 지금도 필리핀에서 가장 소외된 사람들이다.

처음 그 마을을 찾아갔을 때의 기억이 지금도 생생하다. 신발을 신고 다니는 아이들을 찾아볼 수 없을 정도로 가난하고 열악한 환경의 마을이다. 집이라야 대나무를 엮어 만든 공간이 고작이었으며,

마치 돼지를 키우던 막사처럼 냄새가 진동하던 처절한 빈민촌 그대로였다. 그 후 몇 번을 다시 방문하면서 한번은 뉴라이프 선교회에서 도서관을 리모델링해 주기도 하였다. 그런대로 조금씩 나아지는 모습을 보게 되어 다행스러웠다.

행복학교 개교식에 맞추어 다시 비하오를 찾았다. 몇 살이나 되었을까 작고 귀여운 아이의 촉촉한 손을 잡고 그 아이의 집에 쌀을 가져다 주었다. 혹시 제집을 가지 않으면 어쩌나 고민을 하는지 아이는 우리가 제집으로 들어가는 순간까지 긴장을 늦추지 않는다. 그리고는 드디어 제집 방바닥에 쌀 한 무더기를 내려놓으니 안심이 되었나보다.

그제야 얼굴의 표정이 밝아진다. 가난한 아이의 삶이 쌀 한 무더기에 드러나는 것을 보면서 가슴이 아팠다. 제 이름조차도 제대로 쓸 수 없을 것 같이 작은 그 아이에게 가난이 무엇이기에 그날 나누어준 쌀의 의미가 그렇게 크게 느껴졌던 것일까? 그 아이에게 가난은 태어나면서부터 너무도 자연스러운 삶의 일부였나 보다.

비하오 마을에서의 선교 체험은 충격이었다. 과연 인간의 삶이란 얼마나 처참해질 수 있는가? 짐승보다 결코 낫다고 말할 수 없을 정도로 가난한 이들에게도 행복이 있고 감사가 있을까 싶었다. 그런데 의외의 모습을 보았다. 비하오 마을의 아이타 아이들에게는 웃음과 미소가 끊이질 않는다.

아주 작고 사소한 것에도 감사할 줄 아는 이들이야말로 태초의 창조의 정신을 간직한 사람들이라는 생각이 들었다. 많이 가져야 행복할 수 있다고 믿는 자본주의 문화에 짓눌린 우리에게 아이타 마을에서의 체험은 그래서 충격이었다.

그런데 이보다 더 충격적인 곳이 있었다. 마지막 날 마닐라로 오면서 들린 빨리빠란이라는 공동체다. 윤봉로 선교사 내외분이 사역하는 빈민촌에 가면서 우리 모두는 잊을 수 없는 광경을 보아야 했다. 마닐라 빈민촌을 옮겨놓은 곳이 이 지역이라 한다. 우리로 말하면 청계천과 중량천 주변의 판자촌을 옮겨놓은 성남과 같은 곳이다.

예전에 성남을 가본 적이 있다. 오래전이니 지금과는 분명 다른 곳이다. 당시엔 서울의 판자촌 사람들을 이주해 놓은 곳이 성남이라 했다. 좁은 골목과 한참이나 올라가야 하는 언덕의 아득한 골목이 기억난다. 그 골목 안에서 놀던 아이들도 생각난다. 내 친구 목사들이 그 성남 빈민촌에서 목회를 했다. 빈민 목회 또는 민중 목회라 불렀었다. 지금은 작은 교회라고도 부르는 아무도 가지 않으려는 곳으로 찾아간 내 친구들이 생각난다.

빨리빠란 공동체가 위치한 곳은 필리핀 빈민촌의 원형 그대로를 간직한 곳이다. 동네 주변을 한 바퀴 돌며 기도를 필요로 하는 곳에 찾아가서 기도 사역을 하고 돌아온 판가즈는 울고 있었다. 눈물을 줄줄 흘리며 자신의 삶을 다시 결단하려는 판가즈였다. 인간이 가 난하다지만 어떻게 저렇게 가난할 수 있는지 이해할 수 없었다. 그 러나 분명 그곳에서도 사람이 살고 있었고 사람이 있는 곳이라면 교 회가 존재했다. 그곳이 선교사가 가는 길이다.

그런 곳에서 윤선교사님 내외는 선교를 하고 있었다. 이교일 집사 님과 회사 동료였다는 윤선교사는 예수를 믿은 지 불과 2년 만에 선 교사로 훌쩍 떠났다 한다. 회사에서 잘나가는 촉망받던 직장인이었 음에도 그는 사표를 내던지고 무조건 떠났다 한다. 성경 속의 아브 라함이 바로 여기 있었다. 분명 윤선교사는 아브라함의 체험을 한 사람이다. 그래서 그는 성공했다. 아니 성공할 수밖에 없는 선택을 한 것이다. 왜냐하면 가출해야 성공한다는 성서의 가르침을 그대로 실천한 사람이기 때문이다.

그가 성공했다는 말은 인간적인 성공을 말하는 것이 아니다. 그 의 성공은 하나님 나라에서 귀히 쓰임 받는 존재가 되었음으로 성 공했다는 말이다. 윤선교사 부부는 행복해 보였다. 어느 누구도 이 해할 수 없는 선택을 했지만 지금은 가장 행복한 인생을 살고 있음 을 느낀다.

한 주간 동안의 짧은 일정이었지만 행복학교 개교와 선교현장을 경험하면서 나와 나섬의 식구들은 잊을 수 없고 감동적인 선교의 일정을 보내었다. 나섬의 외국인 지도자들은 어떤 생각을 했을까? 나섬의 청년들은 어떤 도전을 받았을까 궁금하다. 나는 필리핀 행복학교를 세우면서 의미있는 선교훈련 캠프를 만들었음에 기쁘게 생각한다.

이제부터 시작이다. 한국교회의 시니어 은퇴자들은 물론이고 선교현장을 체험하면서 선교적 삶을 살려는 모든 이들에게 필리핀 행복학교의 문은 활짝 열려있다.

나섬의 선교는 멈추지 않는다

한국교회의 위기가 다가오고 있다. 아니, 이미 위기의 한 가운데 있는지도 모른다. 마치 개구리가 서서히 데워지는 냄비 속에서 조금씩 죽어가듯이 한국교회는 지금 그렇게 위기 속에서 소멸되고 있는지도 모른다. 교회의 위기는 곧바로 선교의 위기를 불러온다.

선교가 위기임은 선교지에 나가보면 금방 알 수 있다. 선교사들마다 아우성이다. 얼마 전, 내 동기 중 우크라이나 선교사 한 분이 나섬을 방문하였다. 오랫동안 선교사로서 살아온 사람이니 그만큼 선교지의 상황을 정확히 알 수 있는 사람도 없을 것이다.

그에 의하면 우크라이나 선교사들의 경우만 하여도 많은 이들이 고국으로 돌아왔다고 한다. 후원교회로부터 선교비를 받지 못하게

191

되니 더 이상 선교지에 머물 수 없기 때문이라 한다. 한국교회의 급속한 쇠락이 선교지의 상황을 악화시키고 있는 것이다. 교회의 불확실한 미래가 선교의 종말을 예고하고 있다. 그렇다면 선교의 시대는 이렇게 끝이 나는 것인가?

내 동기 선교사도 선교비가 끊기어 몇 개월째 선교비를 받지 못한 채 선교를 하고 있다 한다. 얼마 전까지 지원되던 선교비가 작년 말로 끝이 나면서 선교비 없이 몇 개월째 사역을 하고 있다 했다. 선교비 없이 어떻게 사느냐 물으니 지금까지는 조금 있는 것으로 충당하였으나 앞으로가 문제라 했다. 그래서 선교비 문제를 해결하기 위하여 들어왔노라 했다. 해답이 없다. 지금으로서는 암울하고 불투명하다. 선교의 시대는 더 이상 한국교회에 기회를 주지 않는 것일까?

교회와 선교는 동전의 앞뒷면처럼 공존한다. 교회의 시대가 열리면 선교가 활성화되었다. 반대로 교회의 쇠퇴는 더 이상 선교를 할 수 없게 한다. 그러니까 교회의 상황이 선교의 상황과 비례하는 것이다. 문제는, 지금 교회의 상황이 불확실을 넘어 급속하게 내리막길을 걷고 있다는 사실이다.

선교사들이 고국으로 돌아오는 것을 더 이상 막을 수 없을 것 같다. 세계 2위의 선교국가라 자부하던 한국교회에서 선교의 사명은 더 이상 비전이 아니다. 절반 이상의 선교사가 돌아왔다는 보도는 결코 과장이 아니다. 현재 선교의 상황이 무척이나 심각한 상황이 다.

선교의 위기는 현실이다. 그러나 여기서 나섬은, 위기가 곧 기회 라는 속설을 현실로 이루어가려 한다. 선교의 위기는 맞다. 그러나 모든 선교가 다 위기인 것은 아니다. 경제에서도 한국 경제가 위기 라고 하지만 때로 어떤 기업은 기회를 잡고 더 성장하는 경우도 보 았다. 위기는 분명 기회임을 믿어야 한다.

오히려 위기 가운데 기회가 더 있다. 교회와 선교가 위기를 맞이 한 이때를 나섬이 기회라 생각하는 이유가 있다. 첫 번째는 선교의 위기를 극복하기 위해선 패러다임을 바꾸어야한다고 주장했던 바 가 현실로 드러나고 있기 때문이다. 교회의 성장이 곧 선교의 성장 이라는 등식에 동의하지 않고 새롭고 창조적인 선교의 패러다임을 만들려 했던 나섬의 수고가 이제야 그 열매를 맺고 있다는 말이다.

나섬은 작다. 아니 작은 것이 아니라 스스로 작아짐을 선택한 공 동체다. 나섬의 선교지는 한국이다. 세계선교의 시작은 이제 한국 의 중심부라는 서울에서 비롯된다고 주장해왔다. 나는 '동대문이 땅 끝'이라는 현판을 걸고 오직 한 길만을 개척해왔다. 동대문에는 전 세계가 있다. 동대문은 상징이다. 200만 명의 이주민 시대가 열렸 다. 이주민은 앞으로 더 많이 들어올 것이며 그것은 거스를 수 없 는 대세다.

그런데 왜 선교를 밖으로 나가서만 하려하는가라고 의문을 제기했었다. 선교사들에게도 하나만 보지 말라고 했다. 교회들을 향하여는 더 이상 과시적이며 구호만의 거품 선교를 지양해야 한다고 주장해왔다. 그런 이유로 어쩌면 미움도 받았을 거다. 선교사들로부터 아니 교회로부터 영원한 아웃사이더로 낙인이 찍혔을지도 모른다. 그러나 나는 아웃사이더로 낙인찍히는 것에 대하여 조금도 신경쓰지 않았다. 왜냐하면 내가 가는 길이 옳다고 믿었기 때문이다. 가장 효과적이며 경제적인 선교의 길이 여기 있음을 확신하고 있을진대 왜 타인의 시선을 두려워한단 말인가?

그 경고는 현실이 되고 있다. 교회의 상황이 선교의 상황을 규정하는 종속의 선교 패러다임은 바뀌어야 하며 이제 그 시점이 된 것이다. 문제는 훈련되지 않은 선교사와 한국교회다. 고난 속에서도 선교할 수 있다면 그것은 훈련된 자들에게만 주어지는 선물이다.

광야의 삶을 살아본 자에게만 광야의 시대가 의미있는 것처럼 지금 선교의 패러다임을 바꾸지 못한 이들에게는 고난의 행군이 시작되었다. 지금이라도 변화를 거부하려는 무지에서 벗어나 새로운 질서와 패러다임에 신속히 적응하려는 노력이 필요하다.

두 번째, 위기를 기회로 보는 이유는 선교에 대한 차이에서 찾아

볼 수 있다. 나섬은 전통적인 선교의 전략을 의심했다. 과연 지금의 선교 전략이 지속가능한 것인가에 대한 의문이 있었다. 경제적 자립을 이루지 못하는 선교는 지속가능하지 않다. 나섬은 시작부터 지금까지 한결같이 경제적 자립을 고민하고 도전해왔다. 누군가의 후원이 없이 나섬의 사역은 이루어질 수 없었다. 언제까지 구걸하듯 후원과 도움으로 선교를 하여야 하는가는 내 자존심의 문제를 넘어 하나님 나라에 대한 본질적인 물음을 갖게 하였다.

바울 사도는 고린도 교회에서 아굴라와 브루스길라를 만나 텐트 만드는 일을 하면서 선교를 했다. 에베소 교회에서도 그들의 텐트 메이커 사역은 계속된다. 바울은 자신의 사역에 어느 누구의 도움도 없었다며 당당하게 자존감을 갖고 사역을 했다.

바울의 선교모델을 왜 한국교회는 도입하려 하지 않는가? 바울처럼 경제적 자유를 누리는 선교가 왜 불가능한지 의심스럽다. 바울의 선교 모델이 잘못된 것이 아니라면 왜 우리는 그 모델을 굳이 외면하고 평가절하 했을까? 교회와 선교사들의 강박과 이중성 때문이 아닐까 생각한다. 선교사는 선교에만 전념하라는 식의 편견과 고정관념이 경제적 문제를 선교에 접목시키지 않은 이유일 게다. 더구나 물질에 대한 이중성과 강박의 결과 우리는 '경제와 선교'라는 큰 명제를 무시한 것이다.

선교는 경제와 관계가 있다. 선교사가 먹고 살면서 선교하여야 하고 선교지의 지역사회와 공동체를 살려내는 선교를 해야 한다. 그것이 선교적 경제다. 오늘 우리의 위기는 선교적 경제가 얼마나 중요한지를 외면한 결과다. 선교적 경제와 선교적 삶은 공생의 관계다. 바울의 선교를 새롭게 해석하여야 한다.

나섬의 선교적 경제를 이룩하기 위한 도전은 멈추지 않는다. 2007년 한국교회에서는 처음으로 사회적 기업의 모델을 도입했다. 다문화 이주민을 중심으로 하는 사회적 기업의 시작이었다. 커피 바리스타 교육과 카페운영, 원두유통과 공정무역을 통한 생두 수입, 이주자들을 활용한 다문화 체험학습과 강사지원, 재활용 가게인 사랑나눔가게의 운영 등 우리는 사회적 기업을 통한 일자리 창출과 지속가능한 선교를 위한 자립경제의 모델을 만들기 위하여 끊임없이 도전해 왔다.

많은 오해를 받으며 말로 다할 수 없는 고난도 당했지만 그럼에도 우리의 선택이 잘못된 것이 아니었음으로 끝까지 포기하지 않았다. 편견과 고정관념과 익숙함에 굴복하기를 거부했다. 우리는 우리의 길을 간다는 마음으로 다른 사람의 눈치를 보거나 타인의 시선 같은 것에는 결코 흔들릴 수 없었다.

2007년부터 개발한 양평의 다문화생태마을에서는 블루베리를 키우고, 학교 옥상에는 햇빛발전소를 세워 그 전기로 버섯을 키우며 제과제빵을 가르치고 더 큰 꿈을 꾼다. 아차산의 꽃들에게서 벌들이 꿀을 따다 주는 환상을 현실로 만들었으며, 그 도전은 어떤 경우에도 멈추지 않을 것이다. 우리의 목적은 경제적 자립을 위한 선교적 경제를 일으키는 것이다. 경제적 자립은 선교적 자존감은 물론이고 한국교회의 위기가 곧 선교의 위기라는 도미노를 차단하는 가장 확실한 선택이다.

나섬은 자립한다. 그것이 지속가능한 선교의 길이다. 어떤 상황과 변수에도 흔들리지 않는 가장 분명한 전략은 스스로 선교적 자립을 이룩하는 것뿐이다. 누가 어떤 오해를 하고 아무리 비난해도 우리의 갈 길을 막지는 못한다. 이 선택이 옳다는 것을 증명할 날이 얼마 남지 않았음으로 우리는 간다. 끝까지 그 길을 간다.

한국교회의 태반이 문을 닫아도 하나님 나라의 선교마저 문을 닫을 수는 없기 때문이다. 선교가 교회에서 자유하여야 선교다. 선교가 교회의 상황과 목회자의 주관적 판단에 따라 오락가락하는 것은 하나님 나라의 선교가 아니라 세상 교회의 자기 전시적 선교일 뿐이다. 나섬은 그런 일시적이며 무계획적이고 지속적이지 못한 선교를 거부한다.

그래서 바울의 자립선교 모델을 도입한다. 나아가 선교적 경제와 선교적 기업을 일으켜야 한다. 사회적 기업을 넘어 선교적 기업과 선교적 금융까지 포함한 새로운 선교투자를 위한 선교펀드도 조성하여야 한다. 그것이 십일조 나눔재단의 설립이다.

한국교회 십일조 나눔재단은 선교와 구제를 위한 펀드다. 새로운 선교적 금융을 일으켜 보자는 취지다. 뿐만 아니라 교회의 십일조를 포함한 새로운 헌금문화를 만들자는 것이다. 민감한 십일조와 헌금의 문제를 미래 선교와 새로운 한국교회 만들기라는 차원에서 의제로 설정한 이유는 여러 가지다.

교회에서 교인 수와 헌금은 비례한다. 목회자의 교인 수 늘리기 목회는 그 교인 수와 헌금의 비례라는 공식에서부터 시작한다. 교인 의 수평이동도 얼마든지 한국교회 목회에서는 무죄다. 왜냐하면 교인 수가 곧 헌금의 액수로 드러나며, 그 헌금의 크기가 곧 목회자의 성공여부를 가르고 그 성공여부는 다시 종교권력으로 이동한다. 교회와 목회자에게 교인 수 늘리기 경쟁은 채울 수 없는 욕망이다. 그것으로부터 벗어나는 목회자는 실패자라는 꼬리표가 붙든지 한국교회 내에서는 아웃사이더로 전락하는 수모를 겪어야 한다.

성공한 목회자의 조건은 교인 수와 헌금의 크기와 비례한다. 헌금은 어떻게 사용되어져야 하는가에 대한 본질적 물음보다 앞서 교회의 부흥과 성장을 가리는 조건임으로 그것은 철저히 자본주의 논리로만 설명할 수 있겠다.

오늘 한국교회 십일조와 헌금의 문화는 건강한가를 물어야 한다. 의심하고 고민하면서 헌금하여야 한다. 물질 안에 마음이 있다는 말 때문에 무조건 헌금하고 그 헌금의 흐름에는 관심이 없다면 결코 헌금의 의미를 모르는 성도다. 십일조를 자기 교회에 해야 한다는 논리는 없다. 성서 그 어디에도 그런 말씀은 없다. 잘 사용되어지는 헌금만이 진정한 헌금이다. 교회 안에 내는 헌금이 헌금이 아니라 하나님이 기뻐하시는 헌금이어야 한다. 그 헌금은 구제와 선교를 위한 것이다.

십일조의 문화를 바꾸면 한국교회 성장의 논리는 사라진다. 큰 교회가 되려는 목적이 사라진다면 교회는 건강하고 균형 있게 성장할 것이다. 교회가 서로 경쟁하려는 모습은 사라지고 협력하며 하나의 공동체성을 회복할 것이다.

나섬은 과감하고 래디컬하게 십일조 나눔운동을 제안한다. 결코 나섬이 주도하겠다는 말이 아니다. 십일조 나눔재단은 한국교회의 헌금 전문가들이 공정하고 정의로우며 투명하게 운영하면 된다. 각 교회와 선교지, 그리고 구제처에서는 십일조 나눔재단에 필요한 재정을 요구하는 제안서를 제출하고 그 제안서를 심의하는 전문가 그룹이 있어 공정하게 심사하고 결정하면 될 것이다.

모두에게 의미 있는 십일조가 되어야 한다. 십일조는 어느 교회의 독점물이 아니다. 독점은 하나님의 것이 아니라 사람의 것이라는 의미다. 독점되어져야 할 아무런 권리가 그들에게는 없다. 어느 교회가 그 모든 것을 독점하려 하는 것은 욕망이며 죄다. 그래서 한국교회가 이렇게 망가지는 이유다. 교회 개혁의 가장 필요한 부분이 십일조와 헌금문화의 개선이다. 그 문화를 바꾸는 대담한 결단을 하는 성도가 필요하다.

세 번째, 한국교회 선교의 위기를 극복하고 새로운 선교의 기회를 만드는 방법은 나그네를 순례자로 다시 순례자를 역파송의 선교사로 돌려보내는 것이다.

역파송 선교사는 돌아올 수 없다. 한국인 선교사들은 돌아올 곳이 있어 집으로 돌아오지만 역파송 선교사들에게 집은 그들의 민족이며 공동체다. 돌아올 수 없는 선교를 하여야 한다. 돌아가면 그곳이 집이다. 나그네가 순례자가 되어 집으로 돌아간다면 엄청난 역사가 일어난다.

위기는 한국인 선교사들에게만 있을 뿐 역파송된 현지인 선교사들에게는 위기가 아니다. 위기가 될 수 있는 요인을 제거하면 선교가 위기라는 말을 할 수 없다. 위기는 교회와 선교사들 간의 정치적 경제적 관계에서부터 시작된다. 역파송은 결국 독립된 선교다. 독립할 수 없는 역파송은 존재하지 않는다.

그때까지 역파송 선교사를 키우고 검증하는 것은 공동체의 책임이기는 하다. 그러나 본질적으로 역파송은 지속가능한 선교를 위한 대담한 결단이다. 역파송 선교사는 독립된 선교를 결단하고 출발한다. 선교의 위기를 말할 이유가 없도록 처음부터 역파송은 경제적 자립의 조건으로만 시작한다.

나섬의 선교는 끝이 없다. 리더십이 변해도 나섬은 세계로 간다. 미션 하이웨이를 선포한 이유와 가능성은 여기에 있다. 한 가지 선교를 더 추가하면 그것은 앞에서도 언급한 것처럼 시니어 은퇴자와의 융합선교다. 자신 있게 융합선교라 부르는 이유는 엄청난 에너지가 발생하는 선교이기 때문이다. 기하급수적 선교다. 산술적 덧셈의 선교가 아니라 기하급수적이며 복합적인 선교이기에 융합선교라 부르는 것이다.

나섬의 선교는 끝나지 않는다. 스스로 시스템적으로 돌아가도록 만들어야 한다. 누가 리더가 되더라도, 리더가 부재중이라 하더라도, 새로운 교회와 목회 환경이 닥쳐오더라도 하나님 나라의 선교는 멈출 수 없다.

04

선교사는 아무나 하나?

선교를 아무나 할 수 있는 것은 아니지만 누구라도 할 수 있다. 억지로 선교할 수는 없어도 자발적으로 하려 한다면 얼마든지 쓰임 받을 수 있다. 선교는 배운 사람이 아니어도 괜찮고 부자가 아니어도 가능하다. 남자와 여자의 구분도 없을뿐더러 장애인이든 비장애인이든 선교의 자리에서는 문제될 것이 없다.

선교사의 자격에는 나이도 없다. 나이는 숫자에 불과하니 나이가 많으면 선교 할 수 없다는 논리는 비성서적이며 반 기독교적이다. 젊은이든 늙은이든 선교는 얼마든지 가능하다. 이것이 나섬의 선교다.

그러나 우리 교단 선교부가 제시한 선교조건은 매우 실망스럽다.

우리 공동체 판가즈 전도사는 인도사람이다. 외국인 나그네로 찾
아와 예수를 믿고 장신대에서 자그마치 9년 동안 신학공부를 했다.
목사안수를 받으면 곧바로 인도에 선교사로 파송을 하려하였다. 그
러나 안타깝게도 판가즈의 목사안수는 두 번이나 부결되었다. 외국
인이라는 이유 때문이다.

세계화와 다문화 시대에 아직도 외국인이라는 이유로 역파송 선
교의 길목에서 멈춰서야 하는 현실 앞에 안타까움을 느낀다. 외국
인이 목사가 되어 선교사가 되려는 것에 박수를 치고 응원해도 부
족할 상황에서 오히려 제동을 거는 이유를 묻고 싶다. 선교에 일정
부분 제약이 있을 수 있다는 생각을 전혀 이해 못하는 바도 아니다.
그러나 선교는 인간의 판단영역이 아니라 하나님의 결정에 의하
여 이루어져야 한다. 제도권에서 규칙을 만들고 원칙을 세우는 이
유는 선교를 제대로 더 의미있게 하자는 취지일 것이다. 그러나 우
리는 법이 갖는 철학과 정신보다 법 조항에 집착하는 문자주의 함
정에 빠지고 말았다.

한편, 총회 파송 선교사가 되려면 토플 500점 이상의 영어능력
이 있어야 하고, 나이는 40세 미만이어야 한다는 조건이 있었다.
언어능력이 선교의 필수인가는 논란의 여지가 많다. 말을 해야 하
는 것은 맞다.

그러나 말이란 본디 의사소통의 도구일 뿐 그것이 목적은 아니다. 말은 못해도 의사소통이 잘되는 사람이 있다. 말은 입으로만 하는 것이 아니라 마음으로도 한다. 손과 발도 언어일 수 있다. 눈으로도 말을 하지 않는가. 영어를 잘하면 좋지만 그래서 토플 500점 이상을 받아야 선교사가 될 수 있다는 논리는 지나치다.

나이 40살이 넘으면 선교사가 될 수 없다는 조건도 생각해 보아야 한다. 나이를 제한하는 것에 일정 부분은 이해를 한다. 혹시 나이로 인하여 실족할 수많은 선교사 지망생들에게는 미안하지만 선교사는 활동을 해야 하고 그래서 이왕이면 젊어야 한다는 논리도 억지로는 이해한다. 그러나 보자. 정말 나이가 중요한 조건이어야 하는가?

아브라함은 75세에 그의 고향 우르를 떠나라는 명령을 받았으며, 모세는 80세에 하나님의 부르심을 받았다. 나이를 따진다면 부르심 자체가 무효다. 굳이 성서에 하나님이 부르신 이들의 나이를 기록한 의도는 무엇이었을까? 왜 하나님은 늙은 종들을 부르셨을까? 나이 40세에 모세의 인생은 혈기로 충만했다. 바로의 궁전에서 남부러울 것 없이 권력을 누리던 때다. 그때에 '하나님이 쓰신다.' 부르셨다면 모세는 응답하였을까?

'힘없고 늙어 아무 것도 할 수 없습니다.' 라고 자신을 고백하는 순간이 하나님이 사용하시는 순간이다. 젊어서 혈기가 왕성할 때가 아니라 늙어 충분히 성숙되었을 때에 부르시는 것이다. 늙음은 소멸하는 과정이 아니라 성숙해지는 과정이다. 숙성되어야 맛이 나는 음식처럼 늙어감에 따라 숙성되어지는 인생을 사용하시는 하나님이시다.

그러나 안타깝게도 우리는 인간적인 스펙을 요구한다. 선교사가 되려는 자들은 영어 점수를 얼마 이상 따야하고, 나이는 40세 이상은 안되며 외국인이라도 목사가 되려면 어떻게 해야 한다는 등 실로 하나님의 관점이 아닌 인간적인 생각으로 선교사의 조건을 제한한다. 하나님 나라에 인간적인 제한 조건은 없다.

세상에 처음부터 하나님의 인정을 받을 자는 아무도 없었다. 우리는 모두 죄인이며 무능하고 타락한 존재였다. 죽을 수밖에 없는 우리를 구원하신 사랑에 무슨 조건이 있겠는가? 조건을 따지고 들어가면 나또한 구원받을 수 없다. 죽어야 하고 버려져야 할 쓰레기 같은 존재였다. 그러나 하나님의 사랑은 나를 구원하고 부르셨으며 주의 종의 자리에 올려놓으셨다. 그것은 내 의가 아니라 하나님의 무한한 사랑이며 은혜다.

그런데 선교사가 조건이 있다고? 아니다. 그건 오해이며 이단이다. 만약 조건이 있다면 세상의 법이 있는 것처럼 교회의 조직을 보다 효과적으로 운영하기 위한 작은 규칙들이 있을 뿐이다. 규칙이 있다지만 그것 또한 완전한 것은 아니다. 그 모든 것은 하나님 나라의 관점에서 운영되어져야 할 일시적이며 단편적이고 융통성을 얼마든지 발휘할 수 있는 탄력적인 규정일 뿐이다. 그것은 모든 것을 제한하는 법이 아니라, 하나님 나라를 효과적이며 경제적으로 만들어 갈 수 있는가에 따라 얼마든지 새롭게 해석할 수 있는 것들이다.

교회의 법은 존중되어져야 하지만 그것이 모든 것을 결정하는 완전무결한 말씀은 아니다. 만약 우리가 만들어놓은 헌법이라는 것에 우리가 매몰된다면 그것이야 말로 바리새적이며 문자주의에서 헤어나지 못하는 몽학선생이 되는 길이다.

적어도 선교사의 조건은 없다. 세상의 부와 권력이 조건일 수 없다. 지식의 유무도 관계가 없다. 남녀의 구별도 없다. 장애를 가진 자들도 얼마든지 선교가 가능하다. 나이는 더욱 상관이 없다. 선교란 본디 인간사와 관계가 있다. 인간의 삶은 다양하다. 문화와 언어, 조건과 상황, 그리고 배경이 다르다. 수십억의 인간이 존재한다면 수십억의 다양성이 존재한다는 말이다. 수십억의 다양성에 왜 다양한 선교는 없는가?

인생이 다양한 것처럼 선교도 다양하다. 세상의 모든 문제가 선교의 영역이다. 나와 네가 다른 것처럼 하나님 나라의 모습도 다양하다. 복음은 생명력이 있다 했다. 믿음은 각자의 상황에 따라 그 모습이 다르다. 획일적이고 배타적인 신앙은 건강하지 않다. 다양성의 선교가 존재한다면 다양한 선교사가 필요하다. 배우지 못했어도 지혜가 있는 이들이 많다. 가난하지만 사랑이 많은 사람이 있다. 그런 사랑이 선교사의 조건이 된다. 필리핀 행복학교를 만들어 가면서 한 가지 고민이 있었다. 과연 누가 행복학교의 첫 번째 선교사로 나아갈 것인가 하는 것이다.

뉴라이프 선교회(New Life Mission)는 나섬의 사역 중 결코 작지 않다. 나는 일찍이 시니어 은퇴자들을 주목했다. 그래서 2012년 뉴라이프 비전 스쿨(New Life Vision School)을 시작하여 선교적 삶으로 새로운 인생을 준비하는 과정을 만들었으며 이는 해가 지날수록 그 숫자가 늘어났다. 교단과 교파를 초월하여 다양한 평신도 사역자들이 모여 들었다.

시간이 지나면서 나는 놀라운 경험을 했다. 한마디로 이미 성숙되어 충분히 숙성된 선교사의 조건을 가진 분들이 너무도 많다는 사실이었다. 공무원에서부터 학교의 교사로 혹은 기업의 리더로서 조금도 손색없는 경험과 경륜을 가진 분들이 모이기 시작한 것이다. 신앙의 경지는 이미 웬만한 목회자를 넘어선다. 지혜와 지식이 풍부하며 배려와 이해심도 많다. 무엇이 선교사의 조건인가를 묻는다면 나는 은퇴자들이야말로 가장 좋은 선교사의 조건을 갖추었다고 추천한다.

뉴라이프 선교회의 회원이기도 한 김영옥 전도사님은 이제 선교 사가 되었다. 뉴라이프 비전스쿨에서의 만남을 시작으로 이제 필리 핀 행복학교의 시니어 선교사가 되기까지 하나님의 나라를 위하여 준비되고 구별된 선교사다. 그녀는 30년 이상 일반교회에서 전도 사로 목회를 했다. 제도권 교회에서의 전도사 생활은 그런대로 성 공적이었다. 그러나 마지막 한 가지 소망이 있었다. 남은 인생은 선 교사로서의 삶을 살고 싶다는 것이었다.

그녀는 나섬의 뉴라이프 비전 스쿨에서 은퇴자 선교에 대한 비전 을 품게 되었고 드디어 결단하였다. 재한몽골학교에서 학교 운영에 대한 몇 개월의 경험을 통해서 새로운 선교에 눈뜨며 행복학교 선 교사로 부르심 받은 것이다.

나는 지난 수개월간 재한몽골학교 스텝으로 함께 하게 된 김 선교 사를 지켜보면서 이분이야말로 준비된 선교사라는 확신을 가졌다. 적극적이고 지혜로우며 인내심이 많고 타인을 배려할 줄 아는 소중 한 선교자원이라는 사실을 알게 된 것이다. 아직 출가시키지 못한 자녀들이 있지만 하나님의 부르심 앞에서 자녀들을 핑계 삼지도 않 았다. 아름답고 소중한 순종이다.

서정길 장로와 최현숙 권사도 마찬가지이다. 두 분은 남대문에서 오랫동안 사업을 했고 특히, 봉제공장을 운영해 본 경험을 갖고 있다. 이는 선교지에서 크게 쓰임 받을 수 있는 경험이다. 특히 봉제기술을 갖고 계신 서장로님의 행복학교 선교사로의 결단은 기대되는 대목이다. 행복학교에 봉제기술을 가르치는 교실을 만들어 필리핀 사람들에게 일자리와 새로운 직업을 가능하게 할 것이다. 벌써 시작하자마자 많은 이들이 봉제기술에 관심을 갖고 문의하고 있다.

정재순 장로는 행복학교에 컴퓨터를 지원하고 교육 시설을 만드는데 큰 공헌을 했다. 물론 뉴라이프 선교회의 회원이다. 컴퓨터 교육은 필리핀의 새로운 미래다. 아직 한국처럼 광범위하게 인터넷 사용을 하고 있지는 않지만 얼마든지 가능성이 있다. 행복학교 커리큘럼 중 컴퓨터 교육 과정이 있다. 한국어 교육과 봉제, 컴퓨터 교실과 제과제빵 등 앞으로 다양한 기술교육과정을 만들어 많은 시니어 은퇴자들이 선교하고 봉사할 수 있는 기회를 줄 것이다. 모두가 행복해졌으면 좋겠다. 모두가 하나님 앞에서 행복해질 수 있는 길은 봉사하고 섬기며, 선교하고 사랑하며 사는 길뿐이다.

늙어도 선교사가 될 수 있다. 늙음은 부족함이 아니며 열정이 있는 한 선교사로서 아무런 문제가 없다. 누구든 선교사가 될 수 있다. 나이 때문에 안된다고 스스로를 제한하지 말라. 건강도 웬만하면 괜찮다. 늙으면 아픈 거다. 아픈 것은 선교적 삶을 사는 것과 아무런 관계가 없다. 아프면 아픈 대로 쓰임 받고 선교하면 되는 것이다. 돈이 없으면 최소한의 돈으로 선교할 수 있도록 그 길을 찾으면 될 것이다.

나섬이 필리핀에 행복학교와 더불어 뉴라이프 비전 빌리지(New Life Vision Village)를 만든 것은 재정적 문제를 해결하기 위한 선택이었다. 우린 그곳에 집을 만들어 놓았다. 먹고 자며 살아갈 수 있는 작은 집이다.

시니어 은퇴자들이여 오시라! 필리핀으로. 죽는 날까지 하나님 앞에서 쓰임 받을 수 있음을 믿고 포기하지 말자. 가자. 하나님 나라의 선교를 위하여! 우리를 세계로 부르시는 하나님의 부르심에 기쁘게 응답하며 당당하게 나서자. '뉴라이프 미션'은 구호가 아니라 현실임을 확신하고 나아가자.

05

코피노와 행복학교

구태여 코피노를 강조하려는 의도는 없다. 그러나 코피노가 존재한다는 사실만은 알아야 한다. 필리핀 사람들은 대부분 혼혈 민족이므로 코피노를 군이 강조하지 말라는 소리를 듣기도 하였지만 나는 그렇게 생각하지 않는다. 코피노가 불쌍해서도 아니다. 그들을 선교적 도구로 이용하려는 의도는 더더욱 아니다. 그럼에도 코피노라는 세 글자만은 넣고 싶다.

왠지 코피노라는 이름 뒤에는 떠돌아다니는 유목민의 서글픔 같은 게 녹아있는 것처럼 느껴지기 때문이다. 인간의 욕망과 한이 섞여있는 것 같은 아픔이 그들 안에 있는 듯해서이다. 필리핀에는 코피노 아이들이 약 3만 명 정도 있다 한다. 한국인 아버지들의 욕망과 욕정의 결과이니 무어라 할 말이 없다. 남자란 동물의 흔적을 남긴다.

필리핀은 스페인의 식민지(1571~1898)로 약 3백 여 년을 살았으며, 미국의 식민지(1898~1946)로 50여년을, 그리고 일본의 지배(1942~1945)도 받았으니 그 땅과 사람들은 자연스럽게 외국인과 섞여 살았다. 그러므로 그들에게 혼혈은 당연하고, 다양성의 문화는 상식인 셈이다.

굳이 한국인 아버지와 필리핀 엄마의 이야기를 하지 않아도 그들은 섞여 생존하고 함께 사는 것에 익숙하다. 하지만 그것이 어쩔 수 없는 필리핀의 현실이라고 해도 과연 코피노는 문제가 없는 것일까? 혼혈에도 종류가 있다. 제국주의의 피해자로서 어쩔 수 없이 생겨난 혼혈이 있는가 하면 돈의 힘으로 여자를 사고 그 돈으로 욕정을 해결해 만들어진 혼혈이 있다. 이것이 어떻게 상식이며 당연한 것인가?

필리핀은 폭력적 제국주의와 천박한 자본주의로부터 피해를 당하면서 그렇게 섞여 살아온 것이다. 그렇게 하여 만들어진 것이 아피노, 자피노, 차피노 그리고 코피노다. 정조관념이 약해서 혼혈이 생긴 것이라 말하는 이들도 없지 않지만 만약 필리핀이 약자가 아

닌 강자였다면 그렇게 섞여야 했을까? 정조관념이 약하다면 그것
은 문화가 아니라 생존의 본능으로부터 시작된 자기방어의 한 형
태일 것이다.

폭력과 압제로부터 자신을 보호해야 했던 약자들의 고통이 혼혈
이다. 강자는 배설하는 것에만 관심을 갖고 살 듯 약자들은 생존하
는 것이 우선적 본능인 것이다. 약자들에게는 혼혈보다 '지금'이라
는 현실의 문제가 더 크다. 살아야 한다는 강박은 언제나 사생아를
낳는 거다. 그동안의 역사가 그랬다.

코피노는 약자의 한이다. 그들이 돈이 많고 강한 존재들이었다면
코피노가 아니라 그 반대가 되었을 거다. 약자들의 고통을 상식이
라 말하는 것은 어쩐지 천박스럽다. 미안한 마음은 갖고 살아야 한
다. 약자들에 대한 최소한의 예의는 지켜야 한다.

'미안하다 필리핀의 코피노여!' 하면서 조금은 부끄러움을 느껴야
한다. 우리의 천박한 자본주의가 약자들에 대한 우월주의와 가벼
움의 극치를 달리는 이중성의 인간을 만들었다. 강자들의 약자들에
대한 일방적 승리를 당연한 것이며 보편적인 문화라 규정하는 것은
폭력이다. 최소한의 양심은 살아 있어야 한다.

213

우리는 일본의 종군위안부 문제를 한일관계의 중요한 의제로 삼고 있다. 사과하고 반성하고 거기에 합당한 보상을 하라 외친다. 맞다. 반드시 그 입장을 포기해서는 안될 일이다. 그것은 우리만의 문제가아니라 보편적 가치의 문제이고 역사의 정의와 관계된 문제이기 때문이다. 우리는 일본으로부터 반드시 사과와 합당한 보상을 받을 권리가 있다. 정의가 살아 있음을 세상에 알려야 한다.

코피노는 일본에 대한 우리의 입장과 마찬가지로 우리에 대한 필리핀의 입장이기도 하다. 그들이 말을 안했다고 무죄가 되는가? 필리핀이 문제제기를 하지 않았으니 문제가 없다는 생각은 큰 착각이다. 도덕적인 문제는 여전히 남아있다. 우리는 필리핀에 우리의 아이들을 남겨 놓았다. 우리 남자들의 동물적 본능이 필리핀에 흔적을 남겨 놓았다. 진화생물학자들이 말하는 이기적 유전자가 번식의 본능을 자극해서 만들어진 것인지는 몰라도 여하튼 우리의 아이들임은 분명하다.

행복학교는 그런 코피노 아이들을 우선적으로 고려했다. 앙헬레스(Angeles)는 유독 한국인이 많이 찾는 곳이다. 그곳에 미군이 주둔했을 때에는 미군의 기지촌이 있었다. 그런데 지금은 한국인들이 찾는 골프와 성문화의 집결지가 되었다. 낮에는 골프를 치고 밤에는 필리핀 여자들과 하룻밤을 보내기 좋은 곳이라는 소문으로 수많은 한국남자들이 찾는다고 한다.

그래서 코피노가 가장 많은 곳이 클라크 앙헬레스가 되었는가보다. 누구의 잘못을 말하려는 것은 아니다. 그냥 우리가 책임지자고 말하고 싶을 뿐이다.

코피노 아이들이 사는 곳에 가 보았다. 가난하고 불쌍했다.

한국인과 관계된 아이들이라면 잘 살 수도 있을 것이라 생각하지만 그들의 삶은 우리네 산업화 이전의 빈민촌을 연상시킨다. 오래전 중랑천 판자촌이 떠오르는 곳이다. 지금 우리나라의 중랑천은 물고기가 살아가는 생명이 충만한 하천이지만 예전에는 쓰레기와 썩은 냄새가 진동하는 판자촌의 대명사였다.

더럽고 불결하고 오염된 그곳에서 우리네 선조들은 뜨내기처럼 살아야 했다. 그런데 그 생각하고 싶지 않은 기억이 필리핀에 가니 떠오른다. 반복되는 역사가 여기에 있다. 인간의 역사는 이렇게 국경과 경계를 넘어 반복되고 있다. 우리가 피해자였던 역사에서 가해자가 되고 빈곤의 악순환에서 벗어나기 위하여 몸부림치는 그 민초들의 절망의 역사가 여기에 또 이렇게 반복되고 있다.

행복학교는 그렇게 해서 시작된 학교다. 세상은 인간에 의하여 변화되며, 인간은 교육을 통하여 변화된다. 그러니까 역사는 교육과 고민하는 인간들에 의하여 바뀌는 것이다. 교육은 사람을 바꾸는 힘이 있다. 학교는 그 교육의 현장이다. 가장 좋은 선교는 학교를 통한 교육으로부터 이루어짐을 나는 몽골학교를 만들어 운명하면서 알았다.

그래서 사람을 키워 세상을 바꾸자는 것이 나섬의 선교전략이다. 앞으로 학교가 곳곳에 세워질 것이다. 나섬이 가는 곳에는 학교와 선교적 기업이 세워질 것이다. 나는 우리의 갈 길을 그렇게 정해 놓았다. 그래야 지속가능한 선교가 이루어지고 사람을 키워야 그 민족 공동체가 회복됨을 알기 때문이다. 필리핀 행복학교도 마찬가지다. 학교를 세우고 그 학교로부터 키워진 사람들을 지속가능한 선교적 경제의 프로그램에 참여하게 하는 것이다.

행복학교에는 한국어 교육이 필수다. 여기에 직업 기술교육이 첨가된다. 봉제와 컴퓨터, 그리고 바리스타 교육까지 필요한 다양한 기술을 가르칠 예정이다. 그중 한국어 교육은 가장 중요하다. 한국어를 알면 한국에 들어올 수 있는 기회가 주어진다. 기회를 만들어주는 학교가 되어야 한다.

기술 교육을 받았다면 그 기술을 경제에 활용할 수 있는 선교적 기업으로 흘러가게 하는 것이 필요하다. 이 일을 하면서 또 어떤 고통이 뒤따를지 모른다. 그러나 나는 포기하지 않을 거다. 이 사역은 희망과 새로운 기회를 만들어주는 일이기 때문이다. 또 실패

할 수도 있다. 그러나 포기하지 않을 거다. 왜냐하면 그 실패도 결국 그 선교의 한 축이기 때문이다. 선교가 보여야 한다. 실패가 보이는 것이 아니라 선교하는 교회가 보여야 한다. 선교하는 교회만이 살아남는다.

계륵이 된 기도원을 평화캠프로 만들자

한때 기도원을 갖고 있는 교회는 성공하고 성장한 교회라는 등식이 있었다. 교회가 성장하고 나름의 경제력이 생기면 반드시 소유하고자했던 것이 기도원이던 시대가 있었다. 그런데 요즘 교회의 기도원들이 줄줄이 부동산 시장에 나온다고 한다. 오히려 기도원이 계륵이 되었다는 것이다. 먹지도 못하면서 버리기엔 아까운 닭갈비 (계륵) 신세가 되었다는 아이러니다.

큰 교회들이 소유하던 기도원들이 부동산 시장에 쏟아져 나온다는 이야기는 어제 오늘의 이야기가 아니다. 이런 현상이 오늘 한국 교회의 모습이다. 조금만 시간이 흘러 몇 년 후가 되면 또 어떤 일들이 일어날까 우려가 된다.

그런데 문제는 부동산 시장에서도 교회의 기도원은 찬밥이라는 것이다. 교회가 소유한 기도원 부지가 워낙 크고 넓으니 좀처럼 작자가 나서지 않는 것이다. 구조조정을 대세처럼 여기는 요즘에 기업도 개인도 부동산을 소유하는 것은 어리석은 것이라 판단한다.

더욱이 지금 부동산 시장은 급속히 위축되거나 내리막길이다. 그런 상황에서 교회의 기도원은 정말 골칫덩어리임이 분명하다. 교회에서 기도원은 돈 먹는 하마라며 운영하고 관리하는 일에 저마다 아우성이다.

그런 교회의 기도원을 새로운 희망의 공동체로 만들자는 제안을 해본다. 각 교회의 기도원을 이스라엘의 키부츠와 같이 경제적 자립을 전제로 한 평화캠프로 재활용하자는 것이다. 문제는 교회가 기도원에 대하여 패러다임의 전환을 이룰 수 있을 만큼의 결단을 해야 한다.

몽골에 평화캠프를 만드는 전단계로, 국내에서 평화캠프의 모델 하우스를 시작하려는 것이다. 탈북자와 은퇴자, 청년과 목회자 및 신학생들이 참여하는 작은 평화캠프를 기도원을 활용하여 곳곳에 세우는 것이다. 계륵이 된 기도원을 평화캠프 공동체의 부지로 재활용하여 교회의 교인들이 참여하게 한다면 경제적 자립은 물론이고, 오히려 많은 일자리를 만들어내 사회적으로 교회의 위상을 바꿀 수 있는 절호의 기회가 될 것이다.

기도원의 재활용이 침체된 교회를 다시 살려낼 수 있는 기회가 될 수 있다. 한반도의 문제는 곧 세계의 문젯거리다. 북한 변수는 외면할 수 없는 우리 모두의 문제다. 교회가 북한 선교를 꿈꾸지만 그 현실적 대안은 너무 추상적이고 정치권력의 향배에 따라 지나치게 변수가 많은 것이 현실이 아니던가? 개성시대는 이제 끝났다.

북한 선교의 가능성은 여전히 불투명하다. 교회는 늙어가고 힘을 잃어 기도원마저 팔아치우려 한다. 희망이 없다. 미래가 불확실함을 넘어 암울하다.

그러나 여기 새로운 가능성과 하나의 대안이 있다.

그것은 기도원을 평화캠프의 공간으로 재활용하는 것이다. 교회의 기도원에 다시 희망의 불을 지피는 것이다. 사람들이 옹기종기 모여 사는 공동체로 탈바꿈을 하는 것이다.

교회 안에 얼마나 많은 이들이 할 일이 없어 방황하는가?

청년들이 그렇고 은퇴한 시니어들이 그러하다. 수많은 목회자들이 목회지가 없어 놀고 있으며 신학교에는 갈 곳 없는 신학생들이 쌓여만 간다. 탈북자들은 일당을 받고 어느 단체의 꼭두각시가 되어 관제데모에 불려간다. 탈북여성들은 시골 티켓 다방에서 몸을 팔고 노래방 도우미가 되어 간다. 3만 명도 되지 않는 탈북자들이 이제는 더 못살겠다며 북한으로 돌아가고 싶다는 말을 공공연하게 하고 있다. 이게 현실이다. 교회는 그들을 상품화하여 돈 주고 북한 선교의 액세서리로 이용하려는 위선의 선교에 몰두하고 있다. 이것이 오늘 우리의 모습이다.

이제 이 모든 악순환의 고리를 잘라내는 결단이 필요하다. 패러다임의 대전환이 이루어져야 한다. 이것만이 우리가 살길이며 교회가 다시 회복될 수 있는 길이다. 그 대안이 기도원의 재활용이다. 계룡의 기도원을 새로운 평화캠프의 공간으로 재활용하자.

이를 통한 경제적 자립은 당연하다. 그곳에 햇빛발전소와 같은 재생에너지는 필수다. 에너지 주권을 갖추고 나면 나섬에서와 같은 버섯농장과 빵공장, 양봉, 양계 등을 융합한다. 한쪽에서는 농업을 활성화한다. 물론 친환경이어야 한다. 나무를 심고 미래를 준비할 수도 있다. 온갖 새로운 도전이 가능하다. 기존의 교회는 모든 생산물이 유통될 수 있도록 협동조합의 일원이 되어야 한다. 공동체가 세워지는 순간이다. 탈북자들에게 희망이 생기는 순간 세상은 변화한다.

그러면 한반도의 문제가 교회를 통하여 새로운 전기를 이루게 되는 것이다. 교회는 세상의 빛이고 소금이라는 말씀이 이루어지는 순간이 오는 것이다. 그것이 하나님 나라의 선교이며 교회다움의 회복이다.

평화캠프(Peace Camp)로 통일학교를 만들자

오래전부터 꿈을 꾸었다. 내 생애 가장 마지막으로 하고픈 일이 있었다. 신학교를 다니면서, 군목을 전역하고 연구소에서 책을 번역하고 일을 하면서도 그 꿈을 꾸었다. 나그네 이주민들을 선교하면서 통일과 이주민이라는 별 상관없어 보이는 주제에 대하여 연구하고 생각하면서 하나의 큰 공통점을 발견하기도 하였다. 독일의 통일과 이주민은 매우 중요한 관계가 있다는 사실을 알고는 얼마나 흥분하며 책을 읽었는지 모른다.

우리나라의 탈북자와 이주민의 관계는 독일 통일과정에서 드러난 동독 이탈주민과 독일내 이주민 사이에서 벌어진 심각한 사회적 문제와 비교할 수 있어 나에게 큰 연구과제로 남아 있었다. 오랫동안 이주민 목회를 하면서 이제는 통일이 내 사역과 나섬의 마지막 과제라는 사실을 점차 확실히 깨닫게 되었다. 그래서 조금씩 생각하며 준비해 왔다. 그리고 이제 그 프로젝트를 시작할 때가 되었다고 생각하였다.

개성공단이 폐쇄되면서 더욱 그 생각이 간절해지기 시작했다. 개성공단은 우리민족의 통일학교이며 훈련장이다. 그러나 불행하게도 더 이상 개성시대는 기대할 수 없게 되었다. 다시 문을 연다하더라도 누가 개성에 공장을 세우고 투자를 하겠는가? 이미 신뢰를 잃은 개성시대는 오지 않을 것 같다.

여기에 덧붙여 탈북자 문제가 심각하다. 현재 2만 7천여 명의 탈북자가 우리 사회에 들어와 있지만 그들의 문제는 한두 가지가 아니다. 공산주의 사회에서 살던 이들이 자본주의 문화에 적응하기란 여간 어려운 것이 아니다. 일자리도 찾지 못하고 이리저리 헤매고 있다.

그러니 이들의 문제는 곧 우리의 문제가 된다. 사회적 비용이 만만치 않게 들어가게 되었다. 겨우 3만도 되지 않는 탈북자 문제도 풀어내지 못하는 우리에게 미래 통일은 상상만 해도 끔찍한 일이 되었다. 여기에 이주민들의 문제는 자연스럽게 결부된다.

독일 통일 과정에서 동독 인구의 8%가 서독으로 내려온다. 국민소득의 차이가 약 4:1정도에서 벌어진 난민들의 이동이다. 현재 우리나라의 경우 만약 북한 이탈주민들이 우리 쪽으로 내려오는 일이 벌어진다면 그 숫자는 재앙의 수준이다. 겉으로 계산하여 독일의 경우처럼 인구의 8%만 내려온다고 하더라도 약 200만 명의 탈북난민들이 내려오게 된다.

지금 3만 명이 채 되지 않는 탈북민도 감당하기 어려운데 200만 명의 탈북민이 내려온다면 이건 통일이 아니라 피차 망하는 지름길로 달려가는 것이다.

게다가 지금 우리의 상황은 아찔할 정도로 미래를 예측할 수 없는 상황이다. 만약 갑작스러운 통일이 일어난다면 어떻게 감당할 것인가? 제대로 준비도 되지 않은 가운데 우리는 통일을 어떻게 마주할 것인가?

이 문제로부터 우리의 사역은 시작된다. 교회가 할 일이 생긴 것이다. 나는 오랫동안 몽골을 주목했다. 몽골은 역사적으로 우리와 밀접한 관계가 있다. 1206년 칭기즈칸의 몽골제국이 시작되면서, 그리고 그의 손자 쿠빌라이 칸의 원나라 제국이 들어서면서 고려는 원나라의 부마국이 된다. 약 100년 동안 우리는 몽골제국의 위성국가로서 존재한다. 그 후 800년이 지나 세계화가 되고 우리 사회가 다문화 사회로 진입하면서 몽골은 우리와 떼어놓을 수 없는 관계가 되었다. 그리고 나와 나섬은 그 한복판에 서 있다.

1996년 우리나라에 몽골인들이 처음 들어오기 시작하면서 나는 몽골인들과 만나기 시작하였다. 당시는 성수공단지역에서 이주민 사역을 했었다. 수많은 몽골인이 우리 공동체를 찾아왔다. 운명처럼 몽골인과 만나게 된 것이다. 얼마나 많은 몽골인이 우리 사역지를 찾아왔던지 심지어 몽골의 신문광고에 우리 공동체에 대한 이야기가 나왔다. 한국에 가면 2호선 뚝섬역 근처 어떤 교회 지하에 있는 유해근 목사를 찾아가라는 광고였다.

그 후 우리는 한걸음 나아가 몽골에 선교사를 파송하고 교회를 세웠다. 그것이 오늘날 울란바토르 선교교회다. 당시 울란바토르시의 엥흐볼트 시장이 파격적으로 내어준 땅에 교회를 세웠고 지금 그 지역은 몽골의 중심이 되었다.

그 후 1999년 나는 서울에 재한몽골학교를 세웠으며, 현재 전교생 300명이 넘는 큰 학교로 성장했다. 2001년에는 몽골문화원을 만들어 외교통상부 법인으로 인가를 받아 현재까지 운영 중이다. 수많은 몽골인들을 만나고 셀 수 없을 정도로 많은 몽골의 지도자들을 만났다.

이제는 몽골이다. 몽골을 평화 공동체의 베이스캠프로 만드는 꿈을 꾼다. 몽골은 1921년 중국으로부터 독립하여 사회주의 국가가 되었다. 몽골은 소련을 제1수교국으로, 북한을 두 번째 수교국으로 두고 있다. 현재의 주한몽골대사도 평양에서 외교관으로 근무한 사람이다. 우리나라에 들어오는 몽골의 관료들 중 한국말이 유창하다면 거의 대부분 평양에서 근무하였거나 김일성대학 출신들이다. 그만큼 몽골은 북한과 가까운 나라다.

현재 몽골에 거주하는 북한 사람들은 우리나라 교민들보다 많다. 그리고 가장 중요한 것은 탈북자들의 대부분이 몽골을 경유해 우리나라에 들어오고 있다는 사실이다.

그러니까 몽골은 우리에게 가장 효과적인 통일학교의 교육장이 될 수 있다. 선교적, 경제적으로 뿐만 아니라 이제는 통일을 위한 평화캠프가 바로 몽골이라는 것이다. 통일을 위한 베이스캠프가 몽골이다. 히말라야를 오를 때에 베이스캠프가 필요하듯이 통일을 향한 우리에게 베이스캠프는 몽골이다.

개성을 대체할 수 있는 몽골에 평화캠프를 만드는 것이 우리의 사역이다. 우리는 몽골을 위하여 20여 년을 헌신해 왔다. 다시 말하면 우리는 몽골에 대하여 도덕적 명분을 갖고 있다.

우리의 평화를 위한 분명한 명분이 나섬공동체와 재한몽골학교에 있다. 이것은 몽골을 경제적으로 먹고 살게 하는 길이며 동시에 우리 민족의 통일을 위한 큰 사역이 된다. 많은 목회자와 은퇴자 그리고 청년들에게 새로운 희망의 일자리를 만들어 줄 수 있다.

그러나 가장 중요한 것은 콘텐츠다. 어떻게 만들어갈 것인가? 나섬은 오랫동안 이 일을 준비해 왔다. 오늘의 평화 캠프 프로젝트를 위하여 준비해 왔다. 이제 그 사역을 시작할 때가 되었다.

08

차별 없는 세상, 장벽 없는 교회

　예수께서 이 세상에 오신 것은 차별과 장벽을 허물기 위함이라고 말한 바울의 언급은 언제나 진리이다. 하나님의 형상대로 지음받은 존재들 간에 왜 이리 높게 쳐진 울타리가 있어야 하는지 안타까운 일이다. 예수님 당시에는 유대인과 이방인, 남자와 여자, 부유한 자와 가난한 자 사이에 피차 어울릴 수 없는 담이 있었다. 특히 유대인과 이방인 사이에는 넘을 수 없는 장벽이 있었다. 그래서인지 요한복음 4장에 보면 예수께서 수가성의 여인을 만나실 때에 그 대화의 내용 가운데 얼마나 큰 차별의 서러움이 있었는지가 생생하게 느껴진다.

　여자이며 사마리아 사람이라는 절대적 한계를 가진 여인에게 다

228

가서는 예수님의 모습은 처연하다. 다가오지 말라는 사마리아 여자의 경계심은 이방인으로서의 차별과 소외를 절실하게 느끼는 아픔의 절규다. 유대인은 사마리아 사람 같은 이방인이며 혼혈인들과 상종치 않았다는 기록을 보면 잘 알 수 있다. 그럼에도 사마리아 여자에게 다가가셨던 예수님은 그래서 우리의 구원자이시며, 복음은 기쁜 소식인 게다.

그 후 2000년이 지난 지금 우리 교회와 세상은 어떠한가? 다문화와 세계화가 이 시대의 거스를 수 없는 대세가 되었건만 여전히 차별과 편견의 담장은 높다. 교회 안에는 가난한 자와 부유한 자가 공생하는가? 장애인과 비장애인은 아무런 차별이 없는가? 나아가 한국인과 이주민 사이에는 어떤 편견도 없다고 자신하는가 묻자. 우리 사회는 말할 것도 없다.

필자는 24년 동안 이주민 목회를 해왔다. 낮은 곳에서 밑바닥 목회자로 살면서 수없이 소외당했으며 거부당해 왔다. 우리는 스스로를 나그네라 고백하면서도 정작 나그네가 들어오는 문은 닫힌 채로 놔두거나 좁은 문으로 버려두었다.

나그네와 함께 하는 삶은 서럽고 고단했으며, 절망적이었고, 한없는 열등감과 편견의 길이었다. 아직 교회의 담벼락은 이주민들과 작은 자들에게 너무 높이 쳐져있다. 낮아져야 함에도 우리는 점점 담장을 치고 높은 성을 쌓는다.

3월 21일은 유엔이 정한 인종차별철폐의 날이다. 벌써 50주년이라 하니 오래전 제정된 날이다. 그러나 우리나라는 여전히 인종차별이 심한 나라 중 하나다. 그것은 단지 나 혼자만의 생각은 아닐 것이다. 우리는 단일민족이 아니다. 그건 허구이며 위장된 이데올로기다.

처음부터 우리는 다양한 이들과 어울려 살아왔으며 우리 몸 안에는 여러 유전자가 섞여 있다. 역사가 그것을 가르치고 있다.

우리는 이미 일본이나 호주, 미국 같은 나라에서 이주민으로 살아가고 있다. 이미 700만 명이 넘는 한국인들이 흩어져 살아간다. 디아스포라 유대인처럼 우리도 그렇게 전 세계로 흩어져 살고 있는 대표적인 민족이다. 우리는 그동안 얼마나 많은 인권유린과 차별을 받아 왔는가? 그런데 왜 우리는 과거와 현재의 그 한을 우리 안의 이주민들에게 반복하려 하는가?

출애굽기 22장 21절에는 이방 나그네를 압제하지 말라는 하나님의 명령이 기록되어 있다. 너희들도 애굽 땅에서 이방인으로 살아왔지 않느냐는 물음과 함께 하신 말씀이다. 우리 교회부터 이방인들에게 대하여 문을 열자. 그리고 적극적으로 수용하고 사랑하는 예수님의 목회를 회복하자. 이주는 전 세계적인 흐름이다.

누구도 거부할 수 없다. 이제는 그들이 다음 세대이며 우리 사회와 교회를 지탱하게 하는 힘이다. 하나님 나라는 차별과 편견이 없는 나라다. 그런 나라가 빨리 오기를 바란다. 교회에서부터 차별과 편견이 사라지는 그날이 하나님 나라가 우리에게 임하는 날이다.

09

이슬람은 두려움의 대상이 아니라 선교의 대상

 요즘 들어 필자에게 우리나라에 들어오는 무슬림들과 할랄 음식에 관계된 질문을 하시는 분들이 많다. 현재 우리나라에는 약 20만 명의 무슬림들이 들어와 있다고 하며, 그들 중 상당수는 이슬람의 선교사일 것이라고도 한다. 물론 우리나라 사람들 가운데 이슬람으로 개종하려는 이들이 늘어나고 있다는 말도 사실이다. 특히 젊은 이들의 이슬람으로의 개종은 분명 우려할만한 상황이다. 더욱이 정부가 전북 익산에 만들고 있다는 할랄 음식 단지에 대한 일 등은 그런 우려를 넘어 불안감을 던져주고 있다.

 이런 상황에서 교계의 목회자들을 비롯한 이슬람 전문가라는 이들의 이슬람 세력과 할랄 음식단지에 대한 공포심 조장은 또 다른 문제를 야기시킨다. 과연 무슬림들이 그렇게나 많이 들어오는 현상이 두려움인가? 할랄 음식이 우리나라에 이슬람의 세력이 들어오는 단초가 되고 그것이 결국 기독교는 물론이고 우리 사회 전체에 큰 위기인가?

만약 그 논리가 맞는다면 결국 그들이 주장하려는 것은 우리나라에는 아예 무슬림들이 발을 들여놓지 못하도록 막자는 말인지, 아니면 이슬람 세력에 대하여 어떤 식으로든 테러리스트로 단정하고 집중적으로 경계하거나 관리하자는 말인지 듣고 싶다. 뿐만 아니라 할랄 단지를 만들지 말라는 청원이 계속해서 정부를 압박하고 있지만 과연 정말 교회가 말하는 할랄 단지가 그렇게 익산을 중심으로 우리 사회 전체에 큰 위협이 될 것인지 따져 물어야 한다는 생각이다.

그리고 여기서 한 가지 묻고 싶다. '이슬람' 그러니까 그 종교를 믿는 무슬림들을 모두 테러리스트로 보아야 하는가 하는 점이다. 나아가 무슬림과 기독교 선교가 과연 이렇게 충돌하고 대치하여야 하는가 하는 점이다.

그렇다면 우리는 어떻게 이슬람을 상대로 선교를 할 것인가? 또한 무슬림에 대한 두려움은 정작 오늘날 교회와 한국 기독교의 현실을 말하고 있는 것은 아닐까? 즉 교회가 교회다움을 잃어가면서 우리는 이슬람을 비롯한 타 종교에 대하여 선교적 관점이 아니라 두려움과 경계의 대상으로 바라보고 있는 것은 아닌가 하는 점이다.

이슬람은 본디 평화의 종교다. 그들이 지향하는 것은 테러나 전쟁이 아니다. 그들 가운데 일부 과격한 종파주의 근본주의자들의 테러는 이슬람 전체의 모습이 아니다. 그런 식으로 따지면 기독교 근본주의자들도 마찬가지다.

이슬람이든 기독교든 근본주의는 모두 악이다. 양보와 화해를 말하지 않는 종교는 악인 것이다. 이슬람은 물론이고 기독교 근본주의자들도 악이라는 점에서는 동일하다.

기독교 근본주의가 십자군 전쟁을 일으켰으며 그 십자군 전쟁으로 인하여 얼마나 많은 이들이 희생당했는가? 미국의 부시정권이 있지도 않은 대량무기를 빌미로 이라크와 아프가니스탄을 침공함으로 얼마나 많은 무고한 사람들이 죽어야 했던가? 이것이 선인가? 이런 식의 전쟁이 선인가? 아니다. 이건 선이 아니라 악이다. 사람을 죽이는 그 모든 전쟁과 테러의 논리는 악이다.

우리를 두렵게 하는 이슬람의 테러는 시아파가 아니라 이슬람 수니파의 저질적 논리와 종파주의 때문이다. 이슬람 수니파가 세상을 지배하여야 한다는 독선과 광기가 만든 것이 테러다. 우리 공동체에는 많은 이슬람의 무슬림들이 찾아온다. 나는 20여 년 넘게 그들을 만나면서 왜 이들을 테러리스트처럼 취급하여야 하는지 의아스럽다. 이는 편견이며 또 다른 차별이다.

또 하나는 할랄 단지와 관계된 것이다. 과연 할랄 단지가 우리나라에 이슬람 세력이 들어오는 단초인가? 그리고 과연 그렇게 할랄 음식이 국가에 큰 이익을 가져다주는 부가가치가 있는 사업인가 하는 점이다. 글쎄, 정말 그렇다면 문제이겠지만 그럼에도 나는 그렇게 오버할 것은 아니라 본다. 정부도 마찬가지다.

할랄 단지를 만들면 엄청난 이익을 얻을 수 있다는 논리도 웃긴다. 국내의 무슬림들이 우리나라에서 만드는 할랄 음식이 그렇게나 많이 먹게 되어 돈을 많이 벌 수 있다는 생각은 착각이다. 이미 전 세계에 할랄 음식은 차고 넘쳐난다. 굳이 우리나라에까지 그 할랄 음식을 수입할 이유가 별로 없다.

돈을 크게 벌지도 못하면서 사회와 교회에 큰 걱정을 끼치는 그런 정책과 사업은 누구의 발상인가? 또한 그 할랄 음식이 한국 사회와 교회에 큰 위협이 될 것이라는 논리도 지나친 공포심 조장이다.
중요한 것은 무슬림들을 어떻게 볼 것인가이다. 그들을 선교의 대상으로 볼 것인가, 아니면 공포와 두려움의 대상으로 볼 것인가? 가데스바네아의 열두 정탐꾼들은 똑같은 것을 보고 왔음에도 서로 상반된 보고를 한다. 정탐꾼들 중 열 명은 가나안의 아낙 자손들을 보고서 그들이 얼마나 크고 강한지를 말한다. 그리고는 그들에 비하여 우리는 너무 작아 메뚜기 같다고 말한다.

이 보고는 틀린 말이 아니다. 그러나 틀렸다. 눈에 보이는 것만 가지고 보고하였기 때문이다. 눈에 보이는 것만 보면 두려움이다. 그렇다, 무슬림들은 두려움과 공포의 대상일지도 모른다. 그러나 교회의 존재이유는 선교다. 기독교인으로 산다는 것은 언제나 세상의 악한 세력과 영적 전쟁을 통하여 승리하는 삶을 사는 것이다.

그러나 나머지 두 명의 정탐꾼은 달랐다. 갈렙과 여호수아가 그들이다. 이 두 사람은 가나안을 보니 그 땅은 과연 젖과 꿀이 흐르는 좋은 땅이며 그곳 거민들은 우리의 밥이라 했다. 똑같은 것을 보면서도 생각이 이렇게나 다르니 누구의 보고가 맞는가?

무슬림은 선교의 대상이다. 만약 이슬람 세력이 그렇게 많이 우리나라에 들어오고 있다면 그들은 선교의 대상이니 정말 좋은 선교의 기회라 말해도 되는 것이 아닐까? 선교를 위하여 이슬람 지역으로 보내지는 선교사들을 생각해보자. 왜 우리는 선교사들을 이슬람 지역으로 그렇게 많은 돈을 써 가면서 보내려 하는가?

그리고 그 효과와 열매가 그렇게 의미 있게 맺어지고 있다고 믿는가? 우리는 너무 이중적이다. 선교를 말하는 교회가 선교의 대상을 두려움과 공포, 나아가 저주스러운 존재들로 바라보고 있다면 우리의 선교와 믿음은 허구다. 뿐만 아니라 그들을 선교하려면 전쟁과 테러로 대응하는 것이 맞다는 논리다. 하지만 우리의 선교전략은 오직 사랑이다. 사랑으로 안고 화해하며 품어내는 것이 선교다.

무슬림들은 공포와 두려움의 대상이 아니다. 오히려 선교의 기회를 하나님께서 우리에게 주신 것이다. 더 이상 이슬람 공포증을 확대 재생산하지 말자. 오히려 많이 오면 올수록 나아가서 선교하는 비용과 수고를 덜어주시려는 하나님의 은혜라 고백하자.

왜 우리는 우리 안의 무슬림들을 선교하려 하지 않을까 아무리 생각해도 이상하다. 그렇게 선교를 말하면서 정작 선교의 기회가 주어지니, 이는 한국교회의 위기요, 테러리스트가 몰려온다면서 공포를 조장하는지 이해할 수 없다.

싸워서 이기는 영적 전쟁을 말하면서 그렇게 두려워하는 것은 우리에게 분명 문제가 있다는 말이다. 영적 전쟁과 선교가 너무 추상적이고 비현실적인 모순이었다는 의미다. 우리의 믿음과 영적 상태가 무척이나 자신 없다는 반증이다. '그래 와라! 한 판 붙어보자!' 하며 선교하고, 하나님 나라를 실현하여야 하는 교회와 성도가 너무도 연약하다. 정말 안타까운 우리의 이중성이다.

10

이주자 선교와 폐강된 수업

이주자 선교가 그저 지나가는 나그네 밥 한 그릇 먹이고 물 한 사발 대접하는 것이라 생각한다면 그것은 큰 오해다. 아프고 힘들게 살아가는 이들에게 치유와 선행을 베푸는 것은 지극히 당연한 일이다. 그러나 그것이 목적은 아니다. 이주자를 선교하기 위한 목적을 이루는 전략이며 통로인 것이다. 선한 행위는 그리스도인들의 믿음이 드러나는 신앙고백의 한 형태일 뿐 그것이 목적 그 자체는 아닌 것이다.

우리의 목적은 하나님 나라의 선포이며 실현이다. 이주자들을 섬기고 나아가 선교하는 것이 목적이라는 말이다. 뿐만 아니라 그 이주자들을 하나님 나라를 향해 걸어가는 순례자가 되게 하고, 더 나아가 선교사로 부르심 받도록 인도하는 것이 진정한 이주자 선교의 목적이다.

나그네를 순례자로, 순례자를 선교사로 역파송하는 것이야말로 궁극적인 우리의 목적이다. 나섬은 그 목적을 현실로 만들어 가는 공동체이다. 나는 그 역파송의 저력과 엄청난 힘을 체험하고 심히 놀라워했다. 과연 역파송 선교가 이리도 소중한 열매를 맺는다는 사실이 느껴지는 순간 나는 전율하고 말았다.

유목민들이 역사를 만들어 왔음은 프랑스 석학 자크 아탈리의 '유목하는 인간' 즉 [호모 노마드]라는 책에 이미 서술되어 있다. 그렇다! 역사와 문화와 철학과 인간의 모든 사상과 종교는 유목민들의 삶과 직간접적으로 연관되어 전파되었다.

실크로드를 오고간 유목하는 이들과 상인들, 여행자들에 의하여 동서양의 문화와 종교는 교류하였다. 그 실크로드의 종착점이 터키의 이스탄불이라는 점은 그래서 매우 흥미롭고 나섬의 역파송 선교사 호잣트의 존재감을 더욱 실감나게 하는 대목이다. 공교롭게도 호잣트의 사역지가 그 실크로드의 종착점인 이스탄불이며 그리스이기 때문이다.

이주민들이 바로 유목하는 인간들이다. 유목하는 인간이란 그런 이주자들을 통칭하는 개념인 것이다. 이주자 200만 명 시대가 도래하고 있다. 2018년부터는 우리나라의 이주민 정책 자체가 획기적으로 전환된다. 우리나라뿐만 아니라 전 세계는 이주민들로 흘러넘치게 될 것이 확실하다. 노동력의 이주와 난민들의 확대는 이제 놀랄만한 일이 아니다.

문제는 그 이주자들을 어떻게 바라볼 것인가 하는 점이다. 이주자들은 선교의 기회를 주시는 하나님의 선물이다. 언제 그 난민들을 향한 선교의 문이 닫힐지 아무도 모른다. 기독교 선교역사상 이렇게 이슬람 선교의 문이 열린 적은 단 한 번도 없었다. 지금이 기회다.
그러나 안타깝게도 우리 교회는 아무런 관심이 없는 듯하다. 여전히 개교회의 성장과 부흥이라는 성공주의 목회에 매몰되어 있다. 교회의 존재 이유는 하나님 나라 건설이다. 하나님 나라를 실현하고 확장하지 않는 교회는 교회가 아니라 해도 과장된 것이 아니다.

이주자 선교는 성공주의 목회와는 분명 다른 길이다. 때로 고난과 맞서 싸워야 하는 고단한 사역이다. 이주자 사역은 돈이 되는 일도 힘이 생기는 것도 아니다. 교회가 교인들을 많이 전도하고 교회당을 세우는 이유는 한국인 성도들을 많이 모으는 것이 교회의 힘이 되기 때문이라는 것은, 바보가 아닌 이상 모두가 인정하는 공공연한 진실이다.

그러나 이주자 선교는 그런 목회가 아니다. 이번 학기에 장신대에서 이주자 선교에 대한 강의를 맡게 되었지만 학생들이 수강신청을 하지 않아 폐강이 되었다. 나는 강의를 하지 않아도 되니 시간을 벌었다 싶지만 한편 쓸쓸한 마음이 들어 며칠 동안 속이 상해 있었다.

이것이 오늘 장신대와 같은 신학교의 수준이고 신학생들의 생각이다. 요즘 장신대를 졸업하고도 전임 사역지를 찾지 못하는 것이 현실임에도 이런 현상이 벌어지다니 놀라운 일이다.

교회의 존재이유를 깨닫지 못하고 현실적 교회의 성공만을 바라보고 따라가려는 이들이 한국교회와 신학교에 그렇게나 많이 있다는 사실이 슬프다. 이주자들이 이토록 수없이 드나드는 세상에서 우리는 무엇을 보는가? 돈과 권력과 힘의 논리가 지배하는 세상에 매몰되어, 아무 것도 보지 못하는 눈 뜬 장님들의 세상이 나 같은 눈먼 목사의 눈에는 그렇게나 한심하게 보인다. 어떻게 내 마음을 설명할지 안타까워 이 글을 쓰는 순간에도 화가 나고 속이 아프다.

이와 같은 모습의 교회와 신학교의 미래는 암울하다. 변화를 따라가지 못해서 발생하는 엘빈 토플러식 '속도의 충돌'이 교회와 신학교에서 현실이 되어가고 있다. 하나님의 은혜가 사라지는 황폐한 미래를 생각하면 끔찍하고 두려운 생각이 든다.

나섬공동체 사역안내

재한몽골학교

1999년 국내 몽골근로자 자녀들에게 배움의 기회를 주고자 개교하였으며, 계속 찾아오는 몽골학생들을 더 이상 수용할수 없어 2014년 9월 아차산 자락에 학교를 신축하였다. 현재 1~12학년(초·중·고), 300여명의 학생들이 몽골교육과 한국어교육, 세계화 교육을 통해 몽골과 세계를 빛낼 인재로 자라나고 있으며,몽골이외의 국가에 세워진 유일한 몽골학교로서 서울시 교육청과 몽골 교육부로부터 인가를 받았다. 특히 멀리서 통학하는 학생들을 위해 기숙사를 운영하고 있다. 학교를 졸업한 학생들은 국내와 몽골, 해외의 대학에 진학하거나 사회에 진출하여 사회인으로서 제 몫을 담당하고 있다.

몽골울란바토르문화진흥원

칭기즈칸의 나라, 드넓은 초원을 말을 타고 누비는 유목민의 나라 몽골을 한국사회에 잘 소개하기 위한 목적으로 2001년 설립되어 외교통상부 비영리법인, 서울시 비영리민간단체로 인가받아 운영되고 있다. 재한몽골인을 위한 나담축제, 몽골문화이해교육, 몽골어학당 & 몽골사이버학당, 몽골봉사단 등 다양한 교류활동을 통해 무지개가 뜨는 나라, 한국 속 작은 몽골이 되어 몽골을 알리고, 한국과 몽골을 이어주는 가교역할을 담당하고 있다.

서울 외국인근로자 선교회

나섬공동체의 모태가 되는 기관이다. 외국인근로자들을 섬기며 선교하고 더 나아가 역파송선교를 통해 미션하이웨이의 꿈을 펼쳐나가고 있다. 몽골권, 인도를 비롯한 서남아권, 이란, 터키를 비롯한 이슬람권, 필리핀과 아프리카 등의 영어권, 중국권, 베트남을 비롯한 동남아권 등으로 나뉘어져 매주일 150여명 정도가 예배와 다양한 공동체 모임을 갖고 있다. 뉴라이프 미션과 융합하여 터키-그리스 난민학교, 필리핀행복학교, 히말라야선교회 등으로 선교사역을 확장해 나가고 있다. 한국어교육을 비롯한 사회통합프로그램 및 다양한 외국인상담, 의료서비스지원, 이미용지원, 외국인 체육대회(나섬어울림 한마당), 다문화축제(나섬페스티벌)등을 매년 진행하고 있다.

나섬 어린이집

외국인근로자의 자녀와 다문화가정의 미취학 아동들(3세~7세)에게 적합한 보육프로그램을 제공하고 있는 다문화시대 대안 어린이집으로서, 현재 몽골을 비롯한 기타 국가의 영유아 20여명을 돌보고 있다.

나섬교회

대한예수교 장로회 서울노회에 속한 교회로 설립되었다. 이주민선교와 다문화사역에 뜻을 같이하는 성도들이 자연스럽게 모여 시작되었으며, 2011년 조직교회로 발돋움하였고 나섬공동체의 사역을 기도와 섬김으로 지원하고 있다. 나섬교회는 대안교회의 새로운 모델을 제시하고, 선교현장과 목회현장의 균형적 조화와 공동체 운동과 섬김의 생활화를 목표로 질적인 성숙을 지향하는 교회이다.

나섬가게 & 자립선교사업

역파송 선교의 재정지원 및 지속가능한 선교 자립 공동체를 꿈꾸며 나섬가게에서 개인 및 단체에서 기증받은 의류와 생활용품을 저렴하게 판매하고 있다. 재한 몽골학교의 유휴공간을 이용한 양봉사업, 옥상 버섯공장, 제빵반 등은 장학기금 마련 및 자립선교의 교육장으로 활용되고 있다.

양평 나섬 다문화생태마을

다문화 사회로의 급격한 변화에 따라 우리 사회 곳곳에 다문화 이해교육의 장의 필요성이 대두되게 되었다. 이에 경기도 양평에 몽골, 인도, 이란, 터키, 중국, 베트남 등 다양한 나라의 문화를 체험할 수 있는 학습장으로 '다문화 생태마을'을 만들어 어린이과 청소년들을 비롯한 많은 사람들에게 다문화를 소개하고 알리는 체험학습장으로 널리 활용되고 있다.

뉴라이프비전스쿨 & 뉴라이프선교회

다문화 이주민들과 은퇴 시니어들의 가교역할을 감당하기 위해 2012년 시작된 '뉴라이프비전스쿨'
은 평신도 시니어선교사로서 갖추어야 할 소양과 기초지식을 배우고 국내외 단기선교 실습의 기회를
제공하고 있다. 연 2차례(3월 9월) 개강, 10주(주1회) 과정으로 진행된다.
뉴라이프선교회는 초교파 선교단체로서, 뉴라이프비전스쿨 수료자들이 주축이 되어 동대문지역을
중심으로 의료(침술), 법률, 한글 교육, 이미용, 컴퓨터 교육 봉사 등을 통해 소외된 이웃 주민들을 섬
기는데 앞장서고 있다.

솔라엘 햇빛발전사업

2015년에 재한 몽골학교 옥상에 태양광발전을 설치하여 실시간으로 생산되는 전기를 실제 전력으
로 사용하고 있다.
더 나아가 미래환경을 위한 신재생에너지의 필요성을 인식하고, 선교단체의 에너지자립 및 수익성 사
업의 계발을 통해 재정적 기반 구축에 힘쓰고 있다. 이를 위해 '솔라엘' 햇빛발전사업을 2017년 부터
새로이 시작, 환경과 자립선교라는 두 마리의 토끼를 잡는 혁신적인 모델을 개발하고 있다.

담쟁이스쿨 & 몽골평화캠프

반드시 도래할 통일의 날을 기다리며 탈북청년들의 선교적 자립 훈련을 위한 담쟁이스쿨을 운영하므로 탈북청년들의 창업지원네트워크 수립, 통일시대 리더 육성 및 창업 지원시스템을 구축하고 있다. 통일의 완충지대로서 몽골평화캠프를 중심으로 러시아의 블라디보스톡 그리고 캄보디아 등지에 통일선교를 위한 거점을 세워 나가는 비전을 가지고 다양한 통일사역들을 펼치고 있다.

길위의 선교학교

성서를 통하여 노마드 경제를 공부하며 선교에 대한 비전을 가진 전문적인 비즈니스 선교사를 키우는 선교학교이다. 연령과 직분을 초월해서 선교적 길을 만드는 비전을 이루기 위해 몽골, 인도, 이슬람권(터키&그리스), 베트남, 필리핀 등으로 먼저 5개 권역을 나누어 그 지역의 개괄적인 지식 함양 및 다각적인 비즈니스 선교 아이템을 발굴하고 기획하는 프로그램으로 운영된다.

초판 1쇄	2018년 1월 18일
지은이	유해근
펴낸이	김현태
교정	김호영
디자인	디자인 창 (디자이너 장창호)
펴낸곳	따스한 이야기
등록	No. 305-2011-000035
전화	070-8699-8765
팩스	02- 6020-8765
이메일	jhyuntae512@hanmail.net

따스한 이야기 페이스북

https://www.facebook.com/touchingstorypublisher

따스한 이야기는 출판을 원하는 분들의 좋은 원고를
기다리고 있습니다.

가격 12,000원

나섬시리즈 ①

나그네는 눈물을 보이지 않는다 (개정판)

유해근 지음 | 신국판 | 256쪽 | 10,000원

나그네가 순례자가 되게 하는 것이 바로 선교입니다. 저는 8
년 동안 그 일을 해왔습니다. 나그네들을 데리고 홍해를 건너
고 요단강을 건너가고자 했습니다. 때로 물에 빠져 허우적거
릴 때도 있었고, 사나운 들짐승에게 잡혀 먹힐 뻔한 일들도 있
었죠. 그때 저는 시력을 잃었습니다. 마음에는 엄청난 절망과
분노만 남았었지요. 하지만 하나님은 그때마다 저를 도우셨습
니다. 상처를 입기는 했지만 죽게 하지는 않으셨고, 새로이 살
길을 열어주셨습니다.

나섬시리즈 ②

가출해야 성공한다

유해근 지음 | 신국판 | 288쪽 | 10,000원

모든 가출이 의미 있는 것은 아니다. 하나님의 뜻에 의해 떠나
야 하는 사람들의 용기 있는 가출만이 가치가 있다. 우리 교
회는 가출한 사람들의 공동체이다. 집 떠난 나그네들이 모여
드는 곳이다. 그들은 이곳을 얍복 강으로 혹은 벧엘로 고백한
다. 아니 어쩌면 이곳은 그들의 의지와는 상관없이 하늘의 뜻
에 따라 끌려온 타향이다. "당신들을 구원하기 위하여 하나님
이 먼저 나를 보내셨다." 라고 말하는 요셉의 고백처럼 말이
다. 집 나온 가출 인생들을 주목하라. 그들이 바로 성서의 주
인공일지도 모른다.

나섬시리즈 ③

노마드에게서 배우는 한국 교회의 미래

유해근 지음 | 신국판 | 294쪽 | 12,000원

하나님은 노마드들의 수평적 삶, 즉 이동하고 새로운 질서와
문화를 창출하려는 욕구를 통하여 선교하시고 자신의 뜻을 펼
치셨다. 바울은 노마드들 중 가장 확실한 노마드였다. 그는 예
루살렘 중심의 현실 안주적 교회로부터 이탈하여 새로운 땅을
향해 복음을 들고 나갔다. 아무도 죽음을 무릅쓰고 선교하려
고 하지 않았지만 바울은 달랐다. 그의 영혼과 삶 속에는 노마
드적 삶의 에너지가 충만해 있었다. 그는 어느 한 곳에 정착하
거나 안주하지 않았다. 기득권을 누리려고 하지 않았다. 오히
려 그는 그가 가졌던 기득권을 배설물로 여겼다고 고백했다.
그만큼 그는 노마드적 삶의 에너지로 가득한 인생을 살았다.